ERNEST HELLO

(ŒUVRES POSTHUMES)

*

PHILOSOPHIE

ET

ATHÉISME

PARIS
LIBRAIRIE POUSSIELGUE FRÈRES
CH. POUSSIELGUE, SUCCESSEUR
RUE CASSETTE, 15

—

1888

Droits de reproduction et de traduction réservés.

PHILOSOPHIE

et

ATHÉISME

ERNEST HELLO

(ŒUVRES POSTHUMES)

*

PHILOSOPHIE

ET

ATHÉISME

PARIS

LIBRAIRIE POUSSIELGUE FRÈRES

CH. POUSSIELGUE, SUCCESSEUR

RUE CASSETTE, 15

—

1888

Droits de reproduction et de traduction réservés.

AVERTISSEMENT

DE L'ÉDITEUR

Outre les volumes qui ont paru de son vivant, Ernest Hello a laissé en quittant ce monde divers travaux à moitié inédits : des études, tantôt complètes et tantôt inachevées; des articles, publiés çà et là dans de nombreux recueils; des manuscrits plus ou moins considérables.

Si certaines de ces pages n'ont plus à l'heure présente tout leur intérêt d'actualité, elles n'en doivent pas moins survivre à telle ou telle circonstance qui les inspira. Car il en est peu qui ne contiennent des vérités profondes, des aperçus de génie, des splen-

deurs de forme, qui sont de tous les temps et de tous les lieux. Les laisser perdre nous semblerait une faute envers l'esprit humain.

De là, la publication des œuvres posthumes d'Ernest Hello.

Toutes les intelligences, toutes les âmes supérieures nous en remercieront.

L'ÉDITEUR

Les œuvres posthumes d'Ernest Hello formeront trois volumes, que nous éditerons séparément ;

Le premier est sous les yeux du lecteur ;

Le second se composera d'articles, publiés dans des journaux et des revues, sur les sujets les plus variés ;

Le troisième, entièrement inédit, sera extrait de ses manuscrits.

PREMIÈRE PARTIE

INTRODUCTION

I

Philosophie, en grec, signifie : amour de la sagesse. Il faut savoir d'abord de quoi l'on parle. Rien n'est plus simple, rien n'est plus nécessaire, mais rien n'est plus rare.

Le mot « philosophie » est superbe en lui-même. La chose ne l'est pas moins.

La philosophie est l'attrait des grands esprits ; et quand l'humanité cherche dans sa mémoire ses titres de noblesse, il lui est impossible d'oublier ceux de ses enfants qui ont aimé la sagesse, ou du moins qui ont fait profession de cet amour.

Le sentiment d'une dignité incomparable accompagne la recherche et la possession de la vérité.

L'histoire, qui est prodigue de ses souvenirs, n'est pas prodigue de ses respects. Parmi les noms qu'elle sait le mieux, il en est beaucoup qu'elle méprise. Connaître et estimer ne sont pas pour elle synonymes. Mais quand elle parle de ceux qui ont mérité le nom de philosophes, elle change de ton. Elle s'apaise, elle se calme ; elle pousse le respect jusqu'au recueillement.

Ce nom auguste de philosophie est salué par l'histoire. Il est salué par la science. La science vient rendre ses comptes à la philosophie. Les sciences viennent lui apporter les faits qu'elles ont constatés, et la philosophie les juge. Elle les domine, elle les classe, elle les érige en lois, ou plutôt elle promulgue les lois qu'ils lui révèlent. Plus nous nous rapprochons de la nature intime des choses, plus les sciences et la philosophie se touchent et s'unissent. Plus nous descendons dans les étroits sentiers de la division et de l'erreur, plus les sciences et la philosophie se séparent.

Saluée par l'histoire et saluée par la science, la philosophie est saluée par l'art. L'art comparaît devant elle et lui dit : Jugez-moi. L'art, qu'on a voulu emprisonner tantôt dans l'ordre faux et tantôt dans le désordre (car le désordre est aussi une prison), l'art vient invoquer le droit d'asile, abrité sous l'autel de la philosophie. Il lui montre ses splendeurs, elle en proclame les lois. Car la splendeur a sa loi, comme autre chose. La loi de la splendeur s'appelle l'esthétique.

Saluée par l'histoire, par la science et par l'art, la philosophie à son tour vient saluer la théologie. Et la théologie reçoit son salut.

La théologie et la philosophie sont intimement et profondément unies.

*
* *

Puisque le savant, puisque l'artiste, puisque l'historien, puisque le théologien sont intimement et tendrement unis au philosophe (au vrai philosophe), qui donc élèvera la voix contre cette science noble et sainte, contre la philosophie, contre cette science qui est un amour, qui est l'amour de la sagesse; contre cette science qui est une admiration, l'admiration de la vérité belle?

Qui donc élèvera la voix contre elle? Personne en vérité ; car la voix qui s'élève contre la sagesse n'est pas la voix de quelqu'un. C'est la voix confuse de l'ignorance et du préjugé. C'est la voix de ce personnage abstrait et dangereux qu'on appelle en français : ON, — *on dit*. Que de phrases malfaisantes commencent par ces mots ! Que de mal ils ont fait ! Que de bien ils ont empêché !

On dit : qui donc dit? Personne ; car *on* n'est pas quelqu'un. Mais ce personnage vague et multiple a une puissance occulte, d'autant plus redoutable qu'elle échappe à toutes les prises, d'autant plus pénétrante qu'elle est plus insaisissable, d'autant plus active qu'elle s'impose et ne discute pas.

Faisons-la donc comparaître, et demandons une fois pour toutes à cette puissance occulte ce qu'elle dit, ce qu'*on* dit, quand on veut abaisser la sagesse et son amour. Voici ce qu'*on* dit : — On dit que la philosophie n'est pas une science pratique, qu'elle est pleine de ténèbres, et qu'elle vient enfin mourir dans le doute et la confusion.

Voilà l'erreur, et voilà l'absurdité.

Qui donc sera pratique, sinon la science du vrai? La vérité est le fondement même de toute pratique, et, pour la pratiquer, il faut d'abord la connaître.

Qui donc sera pratique, sinon la sagesse, la

sagesse qui est la loi de la vie? Pour obéir à la sagesse, il faut d'abord l'aimer, et ceux-là sont les rêveurs qui prétendent agir en dehors d'elle.

Dieu est l'acte pur. Plus vous vous approchez de lui, plus vous êtes actif. La vie d'en bas, la vie sans sagesse, la vie sans philosophie, la vie sans loi supérieure, la vie perdue dans le fait isolé, dans le caprice, dans le multiple, dans l'accident, c'est cette vie-là qui n'est pas pratique. C'est elle qui est un rêve; c'est elle qui est une illusion.

Pour arriver à la réalité, à la pratique, il faut que la vie aime la sagesse, il faut qu'elle soit philosophique. Toute réalité est l'application d'une vérité qui la domine. Plus vous aimez la vérité, plus vous êtes réel dans votre acte et votre amour. Les hommes d'en bas qui accusent les hommes d'en haut, comme si ceux-ci étaient les rêveurs, ressemblent à des animaux qui diraient entre eux : Les hommes n'existent pas, car ils ont une âme raisonnable; la brute seule est quelque chose.

Et ces animaux, contents d'eux-mêmes, regarderaient la vie de l'humanité comme un rêve, et celle des chiens comme une substance.

Que fait donc cette opinion fausse et menteuse?

Elle ignore, elle confond. Elle confond la vraie et la fausse philosophie. Ce personnage mystérieux ou plutôt inconnu (car le mystère est toujours respectable), ce personnage qu'on appelle ON, vit de confusion. Il confond la vraie et la fausse philosophie.

II

Depuis le commencement de l'époque historique, la philosophie est compromise par cette parodie d'elle-même qui est le sophisme.

Depuis le commencement du monde, la philosophie et la sophistique suivent deux lignes qui ne se rencontreront jamais, pas même à l'infini, là où se touchent les parallèles.

Déserter la philosophie à cause de la sophistique, ce serait déserter la vérité à cause de l'erreur, déserter le bien à cause du mal. Figurez-vous un homme qui dirait : « A force de haïr la mort, je hais la vie, et même la vie éternelle. »

La vraie philosophie est une affirmation. La fausse philosophie est une négation. Qu'elle doute ou qu'elle nie, elle est une négation ; car le doute est la négation cachée dans son principe. Je vais plus loin, et je prie le lecteur de garder la mémoire de ce que je vais lui dire :

La vraie philosophie a pour point de départ une affirmation. La philosophie fausse part de la négation ou du doute. Ce n'est pas seulement au point d'arrivée de la vraie philosophie que se place l'affirmation, la croyance, la foi : c'est au point de départ. Ce n'est pas seulement au point d'arrivée de la fausse philosophie que se trouve le doute : c'est au point de départ. Si votre acte INITIAL est un doute, vous êtes un sophiste, et toutes les négations pourront sortir de vous. Je dis : *pourront sortir*, je ne dis pas : *sortiront*. Je ne dis pas que vous ferez sortir de votre doute initial toutes les négations possibles; mais je dis qu'elles pourront en sortir, même malgré vous, conviées par d'autres esprits, appuyées sur le vôtre.

Ici je déclare la guerre à Descartes, et je la lui déclare solennellement. Un de mes projets, c'est de le tuer.

Son doute méthodique se propose de reconstruire une à une toutes les vérités qu'il a ébranlées à la fois. Voilà l'illusion. Vous voulez douter de vous d'abord, pour rétablir ensuite tout ce que vous abattez. Vous ne le pouvez pas, même si vous le voulez. Le doute, qui est au point de départ, est un poison qui donnera la mort à toutes les opérations de votre esprit. Votre bonne volonté, si vous en avez, sera empoisonnée comme votre intelligence. Et telle est la subtilité du poison initial, que tous les efforts de votre esprit pour reconstruire ce que vous avez abattu seront invalidés par le fait d'avoir abattu d'abord. Le doute, que vous endossez au premier moment, sera un péché originel qui suivra votre intelligence dans tous ses actes postérieurs. Comme le point mathématique contient en soi virtuellement toute la ligne, le doute porte en soi virtuellement toutes les négations, et elles aspirent à sortir de lui, comme le fruit qui va mûrir aspire à se détacher de l'arbre et à tomber.

Vous mettez, dites-vous, les vérités de foi dans l'arche sainte. Vous les exceptez du doute universel. Vous les soustrayez à son empire. Vous voulez les sauver du naufrage.

Illusion, illusion, illusion profonde !

Cette part que vous voulez faire à la certitude, le doute ne la respectera pas. Vous avez introduit le doute chez vous. Vous lui avez donné droit de cité. Que dis-je? Vous ne lui avez pas seulement donné droit de cité, vous l'avez couronné roi. Il n'est pas seulement citoyen, il est souverain. Il est au fondement de votre édifice. Donc il sera au sommet. L'alpha et l'oméga se touchent et se ressemblent. Si le doute est l'alpha, l'oméga sera le doute. Le principe porte en lui le germe de la consommation, et la consommation se retrouve face à face avec lui. Le doute accepté, aimé, caressé, choyé, deviendra l'hôte, le citoyen et le tyran de votre esprit. Il donnera à votre esprit un pain et un vin qu'il aura faits lui-même, et il les aura faits à son image. Le doute vous saisira à votre réveil et vous suivra jusqu'au sommeil. Il touchera, il formera, il informera votre première et votre dernière pensée. Il sera *votre habitude.*

Votre habitude : quel mot ! L'homme ne se doute pas de la tyrannie de l'habitude ! Il la subit sans la connaître. Le doute s'infiltrera là où vous voudrez et là où vous ne voudrez pas. Le doute est toute autre chose qu'un acte réfléchi et limité. Il est une habitude, il en a les manières d'être. Il est constant, envahissant, pénétrant. Tantôt il se montre, tantôt il se cache. Il tend à grandir et à s'assimiler votre substance, car IL EST UNE PASSION.

Voilà le mot prononcé. *Le doute est une passion.* Donc sa nature est de dévorer. Et quand vous aurez déchaîné le doute sur le monde, vous n'aurez pas la puissance de dire à cet océan :

« Tu iras jusqu'ici et tu n'iras pas plus loin, et là tu briseras l'orgueil de tes vagues. »

III

Jadis tout se tenait ; et si la vérité triomphe, un jour tout se tiendra.

Dans la haute antiquité, la poésie, la philosophie, la science de la vie, rien n'était séparé. L'ombre du sanctuaire s'étendait sur toutes choses ; dans le peuple choisi cette vérité éclatait toute pure ; dans les peuples séparés, dans les Gentils, elle éclatait encore, altérée, mais reconnaissable. Les philosophes s'abritaient derrière Dieu ou les dieux ; la religion ou les religions remplissait ou remplissaient la terre. Ces philosophes, qui demandaient la lumière à la source pure ou corrompue de la religion ou des religions, étaient eux-mêmes pour les peuples des sources de lumière vraie ou fausse ; mais leur jugement était respecté. La haute antiquité n'avait pas inventé le mépris que certains hommes professent pour les penseurs ! Elle n'avait pas relégué aux deux extrémités du monde la théorie d'un côté et la pratique de l'autre : — comme s'il y avait des gens destinés à connaître la vérité et à demeurer inutiles de même qu'elle et avec elle, rendus impuissants par leur amour pour elle; puis d'autres gens appelés à l'action et à la puissance, dans l'oubli radical de toute vérité. Il y a les contemplatifs, et il y a les hommes d'action. Mais c'est là une distinction, non pas une séparation, et l'erreur, qui sépare, est toujours la parodie de la vérité, qui distingue.

Les contemplatifs ne sont pas étrangers aux destinées du monde : de loin ils influent sur elle. Les hommes d'action ne doivent pas être étrangers aux lois de la vérité : ils doivent les connaître pour les appliquer.

Dans le monde moderne, et depuis Descartes particulièrement, l'art semble étranger à la science; les formes de l'art semblent même étrangères entre elles : la philosophie s'égare loin de la théologie, et la vie, la vie qu'on appelle la vie pratique, s'en va de son côté, tournant le dos à la philosophie, tournant le dos à la théologie, et se constituant à part, non pas comme une science, mais comme une habileté indépendante de toute vérité supérieure, comme une habileté qui ne relèverait que d'elle-même, comme une petite sagesse, égoïste et séparée, contraire à la sagesse.

Depuis que la science s'est séparée de Dieu, elle s'est séparée d'elle-même. On dirait que les sciences ne tiennent plus les unes aux autres. On dirait que les sciences physiques constituent une sphère séparée; les sciences morales, une autre. L'astronomie, la géologie, ne croient pas être parentes de la philosophie; et la philosophie, méconnaissant sa propre gloire, ne sent plus comment elle dépend de la théologie. Ce mot de dépendance lui paraîtrait peut-être humiliant, tant les points de vue sont renversés. Elle ne s'aperçoit pas que, pour elle comme pour nous, régner c'est servir Dieu. L'art, de son côté, promène où il lui plaît sa fantaisie. Il croirait aussi subir une honte s'il avouait qu'il relève de la philosophie. Prenant son erreur pour son indépendance, il veut vivre pour lui-même. La théorie de *l'art pour l'art* lui paraît être sa glorification. C'est son humiliation au contraire. Quoi de plus glorieux que d'obéir à la foi éternelle, absolument vraie et absolument belle? Quoi de plus honteux que d'être esclave de sa propre fantaisie?

La fantaisie est une rude et dure maîtresse qui vous mène par de mauvais chemins, au bout desquels il n'y a rien. Le but n'existe pas. Si le but existait, ce ne serait plus la fantaisie qui vous aurait guidés. Le propre de la fantaisie, c'est de n'avoir pas de but. Et comme c'est le but qui constitue la douceur et la grandeur du moyen, marcher sans but est une fatigue aussi grande qu'elle est vaine. L'art qui ne veut que lui pour principe et pour fin se sépare des éléments avec lesquels il est uni. Si on allait au bout de la théorie, si on avait le courage de la logique à outrance, il faudrait dire que le beau doit vivre pour lui-même, étranger ou vrai, et étranger au bien. Mais cette logique absolue n'existe heureusement pas dans les théories séparées, et à chaque instant les théoriciens de l'art pour l'art déclarent avoir la charge d'enseigner. A chaque instant ils parlent de leurs responsabilités et de leurs devoirs. Par là ils sont pris en flagrant délit de vérité, de conscience et de beauté.

La haute antiquité nous présentait une ébauche incomplète et certainement égarée de la science. Sans doute sa synthèse péchait par une grande ignorance et une grande corruption. Cependant la synthèse y était. L'unité de l'art et de la science, unis tous les deux à la religion, est un des plus antiques et des plus profonds souvenirs de l'humanité. L'incroyance est antiphilosophique. Elle a brisé le faisceau de la science, le faisceau de l'art, le faisceau de la philosophie. Elle a morcelé le grand domaine de l'esprit.

La synthèse nouvelle se fera dans le christianisme, par lui et avec lui. Aussi sera-t-elle plus vaste qu'autrefois, et tout à fait pure en même temps qu'universelle. La science et l'art, comme des enfants prodigues, se tourneront vers la philosophie, qui se tournera vers la théologie. Et chacun des éléments de notre vie intellectuelle comprendra que la gloire, comme la force, réside dans l'union.

En dehors de Dieu, principe d'union, l'union n'est pas possible.

Voyez la sphère et étudiez-la.
Les rayons partent du centre et vont à la circonférence. Quand ils sont loin, bien loin du centre, on dirait que jamais ils ne seront réunis. Leur distance est si grande et leur force de divergence si croissante, qu'on les dirait partis sans esprit de retour.
Mais rapprochez-vous un peu du centre : les rayons sont moins éloignés les uns des autres. Rapprochez-vous encore : les voilà qui convergent les uns vers les autres. Ils tendent à se réconcilier. Enfin regardez le point central : tous les rayons sont là, présents et ardents. C'est le rendez-vous. Ils se touchent, ils se pénètrent. La chaleur va et vient de l'un à l'autre, et chacun profite des lumières et des ardeurs de tous.

Ainsi en est-il des sciences, ainsi en est-il des formes de l'art, ainsi en est-il des âmes humaines. Plus les êtres sont près de Dieu, plus ils sont près les uns des autres. Quand ils s'éloignent du foyer commun, ils se séparent et s'égarent dans la même mesure où ils se refroidissent.

IV

Une des erreurs les plus radicales qui soient au monde, c'est de croire que l'ordre naturel, scientifique et philosophique est d'autant plus à l'abri, d'autant plus en sûreté qu'il est plus séparé de l'ordre surnaturel, du domaine théologique : l'ordre naturel et l'ordre surnaturel sont distincts, non pas séparés. La distinction et la séparation sont si parfaitement dissemblables entre elles, qu'il a fallu pour les confondre des prodiges d'ignorance. L'ordre naturel appelle l'ordre surnaturel. Celui qui croit protéger le premier par l'absence du second les ignore aussi radicalement l'un que l'autre ; au lieu de sauver l'ordre naturel, il l'isole ; au lieu de le sauvegarder, il le découronne. La philosophie qui oublie radicalement la théologie n'est pas seulement incomplète, elle est fausse. Elle n'est pas seulement tronquée, elle est égarée. A force de dire peu, elle dit faux. A force de se restreindre, elle finit par mentir.

Puisque nous parlons aujourd'hui de la sagesse et de son amour, puisque nous distinguons l'ordre naturel et l'ordre surnaturel sans jamais les séparer, élevons nos regards vers la sagesse supérieure, la sagesse orientale et la sagesse inspirée. Souvenons-nous de ce philosophe plein de lumière et de mystère qui s'appelle Salomon. Il avait demandé la sagesse, et la richesse lui fut donnée par surcroît. Comme il aimait la sagesse, et comme il l'aimait de haut ! Un manteau royal enveloppe son amour et sa prière. Il l'aborde d'une façon auguste ; il la recommande majestueusement. Sa sagesse n'est pas une prudence étroite. C'est une sagesse qui enveloppe. Elle est audacieuse, et au besoin elle est terrible. Fière de son origine, elle la raconte superbement.

« Le Seigneur, dit-elle, m'a possédée au commencement de ses voies. »

Vous voyez d'où elle date, celle qu'il s'agit d'aimer, la sagesse possédée par Salomon. Elle dit un peu plus loin :

« Les abîmes n'existaient pas encore, et déjà j'étais conçue ; les fontaines n'étaient pas encore sorties de la terre ; la pesante masse des montagnes n'était pas encore formée. J'étais enfantée avant les collines. Le Seigneur n'avait encore fait ni la terre ni les fleuves ; il n'avait pas encore affermi le monde sur ses bases. Lorsqu'il préparait les cieux, j'étais présente ; lorsqu'il environnait les abîmes de leurs bornes et de leurs lois ; lorsqu'il affermissait l'air au-dessus de la terre ; lorsqu'il mettait en équilibre les eaux et les fontaines ; lorsqu'il enfermait la mer dans ses limites, et qu'il lui donnait l'ordre de ne pas les dépasser ; lorsqu'il posait les fondements de la terre, j'étais avec lui, et je réglais toutes choses. Je me délectais, jouant devant lui, jouant dans le monde. Mes délices se trouvent dans la société des enfants des hommes. Écoutez-moi, mes fils. Heureux ceux qui gardent mes voies. »

Vous voyez comme elle se présente. Elle s'entoure d'attraits et de grâces, d'attraits majestueux et de grâces solennelles. Une jeunesse éternelle et une haute antiquité l'accompagnent et ne la quitteront pas. Elle était mûre dès le premier jour, et elle est jeune à jamais.

Une rencontre admirable, qui n'est pas due au hasard, se produit à nos yeux. Si j'ouvre l'office de l'Immaculée Conception, je tombe sur ces mots :

« Lecture du livre de la Sagesse. Prov. VIII.

« Le Seigneur m'a possédée au commencement de ses voies... »

Et je lis les paroles que je citais tout à l'heure, les paroles de Salomon.

Inspirée par celui qui l'inspire, l'Église rapproche toujours la sagesse et la Vierge, et cite celle-là quand elle parle de celle-ci. Sans jamais confondre la sagesse incréée et la personne de la Vierge, en qui la première se reposa, il nous est permis d'admirer leurs harmonies et leurs relations; il nous est permis de mettre notre étude de la sagesse sous la protection de Marie immaculée, et d'invoquer, en cherchant sa lumière, celle qui est l'Étoile du matin.

Nous éviterons les mots techniques et les discussions arides. Nous essayerons de rendre la philosophie accessible aux hommes du monde.

Nous essayerons de prémunir les jeunes gens et les hommes de tout âge contre les erreurs les plus accréditées, les plus estimées, les plus vantées, les plus adorées, contre celles à qui leur actualité donne le plus de danger et d'intérêt.

Nous essayerons de montrer comment l'erreur n'est jamais qu'une contrefaçon, et comment la vérité, qui enveloppe tout, est toujours plus large et plus belle que tous les systèmes et toutes les illusions.

Tout ce qu'il y a de vrai dans les systèmes partiels et trompeurs vient de la vérité universelle.

Nous essayerons de restituer à cette vertu universelle la splendeur qui lui appartient. Il faut que la philosophie soit véritablement catholique.

PHILOSOPHIE

Fide intelligimus aptata esse sæcula a Verbo Dei, ut ex invisibilibus visibilia fierent. (Saint Paul.)

Nous comprenons par la foi que les siècles ont été disposés par le Verbe de Dieu pour que les choses visibles sortissent des choses invisibles.

I

Dans le Principe était le Verbe.

Or le Verbe porte en soi éternellement le type de toutes les créatures passées, présentes et futures, possibles ou réelles. Éternellement, Dieu le Père se contemple dans son Verbe; et il contemple éternellement dans le même Verbe l'Archétype éternel des créatures : — et cet Archétype n'est pas une substance distincte de Dieu; il n'est pas une créature ; il est Dieu en Dieu.

Dieu, dit l'Écriture, est assis sur les Chérubins, c'est-à-dire qu'il est au-dessus des pensées.

Dieu, en tant que Dieu, est essentiellement incompréhensible. La recherche de son Nom paraît avoir été, depuis le commencement du monde, la préoccupation des hommes. Et, à mesure qu'ils croyaient approcher, ce Nom fuyait devant eux, parce qu'il surpasse tout entendement. Plus l'esprit créé s'élève, plus la distance qui le sépare encore de Dieu, au lieu de lui paraître diminuer, lui paraît grandir. Il se produit sur les hauteurs de la science une sorte d'Humilité intellectuelle et spirituelle, en vertu de laquelle l'esprit créé s'abaisse dans la mesure où il s'approche de Dieu. Plus il monte, plus il voit qu'il lui faut monter; les degrés de l'échelle déjà gravis lui apparaissent comme rien; ils l'excitent seulement à penser aux degrés à gravir. Et plus il monte, plus l'objet fuit. Il appelle Dieu Force, Puissance, Intelligence, Amour, Bonté, et il se dit : Qu'est-ce que la Force ? Qu'est-ce que la Puissance ? Qu'est-ce que l'Intelligence ? Qu'est-ce que l'Amour ? Qu'est-ce que la Bonté ? Et il multiplie ses efforts, comme s'il espérait saisir par eux l'Unité. Mais elle fuit devant ces choses nombreuses. L'Esprit dit : Dieu est l'Être, et il demande : Qu'est-ce que l'Être ? L'écho répond : C'est l'Être.

Et, pour s'élever plus haut, les forces manquent à l'homme. C'est pourquoi il répète.

Dans tous les traités, dans tous les livres philosophiques, théologiques, ascétiques ; dans toutes les hymnes, dans toutes les aspirations de l'homme vers le Bien suprême, la répétition joue un rôle énorme. Cette répétition est-elle absolument vaine ? Non pas. Les amas de recherches, de définitions, de substantifs, d'adjectifs, que l'homme entasse les uns sur les autres comme pour atteindre Dieu, sans jamais y parvenir, sont des attestations d'impuissance qui portent jusqu'au ciel le magnifique témoignage de notre néant. Comme les flots de la mer contre les rochers, les tempêtes du langage humain se brisent contre le mystère. Cependant l'homme ne se rend pas.

Écoutez sa voix depuis Adam jusqu'à nous. Égaré ou éclairé, partout et en tout cas, l'homme pousse vers Dieu un certain hennissement qui ressemble à une interrogation. Qui donc es-tu, dit-il, d'un bout du monde à l'autre et d'un bout à l'autre des siècles créés? Qui donc es-tu? Le temps et l'espace sont remplis de cette question énorme; le temps et l'espace sont travaillés des anxiétés de cette question. L'homme élève ses paroles; il enfle sa voix, il accumule les affirmations d'abord, les négations ensuite, et les affirmations encore : Dieu est cela, puis : Dieu n'est pas cela, puis : Dieu est cela; mais le monument qu'il élève, la force qu'il construit de ses vaillantes et tremblantes mains n'atteint pas le Ciel des cieux où réside le mystère, objet de son amour et de son épouvante.

L'adoration cherche son pôle; mais le mystère éternel entoure son objet. Quand l'homme croit qu'il va saisir le Nom de Dieu, le mystère s'enfuit d'une fuite essentielle. Il s'enveloppe dans son nuage, il s'enfonce dans son abîme. Mais si l'adoration se croit frustrée, elle se trompe, car elle a fait son acte en essayant de saisir. Son échec est un triomphe, car cet échec victorieux affirme l'infini de son objet.

Et le vide dans lequel elle croit mourir est un pain supersubstantiel qui la nourrit mystérieusement.

Moïse gardait ses troupeaux dans le centre du désert. Dans le centre du désert! Le lieu du drame n'est pas indifférent : il était loin des hommes et de leur bruit. C'est là qu'il faut aller.

Retirons-nous subitement au centre du désert. « Mais je suis au désert, me direz-vous, et je n'entends rien. — C'est que vous n'êtes pas encore au centre. Allez plus loin, plus loin. — Je suis plus loin. — Encore plus loin, encore plus loin, dans le centre, dans le cœur. Suivez la trace des pas de Moïse. »

Il vint auprès du mont Horeb, et au milieu d'un buisson il vit comme une flamme. Le buisson était ardent, il n'était pas consumé.

« Je vais approcher, dit Moïse; je vais contempler cette grande vision et voir pourquoi le buisson ne brûle pas. »

Mais le Seigneur l'appela du milieu du buisson et lui dit : « Moïse, Moïse. » Et Moïse répondit : « Me voici.

— N'approche pas avant d'avoir tiré ta chaussure; la terre sur laquelle tu marches est une terre sacrée.

« Je suis le Dieu de ton père, le Dieu d'Abraham, le Dieu d'Isaac et le Dieu de Jacob. »

Puis le Seigneur donna à Moïse la mission solennelle de délivrer son peuple. Et, comme il arrive toujours quand un grand commandement est donné et qu'une grande manifestation se prépare, l'homme demande à Dieu son Nom.

Et le Seigneur répondit :

JE SUIS CELUI QUI SUIS.

Voilà le Nom sacré, le Nom incommunicable. Dieu déclare qu'il est l'Être, et par là toute créature doit reconnaître le néant comme le fond propre d'où elle est sortie.

Saint Denys tout entier est le commentaire du Nom qu'a entendu Moïse.

Moïse a entendu et répété le secret de la vie. Saint Denys l'a commenté : il s'est étendu, avec une complaisance auguste et solennelle, sur le Nom incommunicable. Il a montré, étalé, tourné et retourné en tous sens la misère de notre langue et la misère de notre pensée, qui expirent avant d'avoir atteint celui qu'elles cherchent invinciblement. Saint Denys, après avoir épuisé les attributs de Dieu et l'avoir nommé le Bon, le Sage, le Puissant, se demande ce que signifient ces expressions en elles-mêmes, comment les attributs désignés par elles existent en Dieu, dans leur principe et dans leur siège propre. Saint Denys fait cette recherche uniquement pour montrer à quel point le but est impossible à atteindre, et après avoir essayé sur Dieu toutes les affirmations et toutes les négations, il déclare ignorer son Nom et se retranche dans les ténèbres de la très sainte obscurité.

Sommes-nous donc condamnés à l'ignorance radicale et éternelle, à l'ignorance absolue du Nom divin ? Nous qui sommes faits pour connaître Dieu, l'aimer et le servir, faut-il sur lui tout ignorer ?

Non, car voilà le monde ; non, car voilà le Christ. Et nous nous trouvons face à face avec l'immense parole de saint Paul que j'ai choisie pour épigraphe :

Fide intelligimus aptata esse sæcula verbo Dei, ut ex invisibilibus visibilia fierent. Ce qui signifie : « Par la Foi, nous comprenons comment les siècles sont nés d'une parole de Dieu, de telle sorte que le visible est créé sur le modèle de l'invisible. »

Et ainsi l'ignorance sacrée par laquelle nous ignorons Dieu dans sa vie propre sera soulagée, complétée, agrandie et consolée par la science sacrée que nous aurons de Dieu en regardant ses œuvres.

Nous apprendrons de lui-même qu'il est Un en Trois Personnes, et cependant il restera mystérieux dans la transcendance de sa vie intérieure. Car toute lumière sur Dieu correspond à un mystère. Plus la lumière est éclatante, plus le mystère est profond. Ce point très important sera développé plus tard.

Mais nous étudierons ses œuvres, et nous verrons comment son ombre s'est projetée sur cet univers.

Nous avons le ciel et la terre pour y chercher la trace de ses pas.

L'univers est une certaine manifestation des attributs divins.

Mais d'où sort cette manifestation ? Et comment sort-elle ? Dans quel rapport est-elle avec Dieu ? C'est ici que la pensée antique et moderne a subi d'énormes défaillances et des égarements monstrueux.

Voyons la réponse vraie. Comme toujours elle sera absolument simple, et comme toujours absolument profonde :

Dieu a créé le ciel et la terre et tout ce qu'ils renferment.

*
* *

Quoi de plus simple ? Et cependant, depuis six mille ans, la fausse philosophie fait, pour échapper à cette réponse simple, les efforts les plus persévérants et les plus compliqués.

Dieu a créé, c'est-à-dire il a fait de rien : il a fait de rien le ciel et la terre par voie de création.

La fausse philosophie antique et moderne s'est égarée en tous sens dans le labyrinthe inextricable, sans fil conducteur et sans lumière conductrice, pour n'avoir pas trouvé ou pour n'avoir pas accepté la réponse simple.

Deux principales voies d'erreur se sont ouvertes devant elles, et elle s'y est précipitée la tête la première.

Deux erreurs capitales et fécondes, sources et principes d'erreurs innombrables:

Le panthéisme, le dualisme.

II

Le panthéisme se croit nouveau. Cette prétention est contredite par l'histoire. Il s'est enveloppé dans des formules nouvelles; mais il est prodigieusement vieux dans son principe, vieux comme l'ignorance. Traversons les temps et l'espace. Partons pour l'Inde antique. Cherchons dans les plus vieux souvenirs du monde. Nous allons trouver le panthéisme dans sa plénitude et sa perfection.

Nous voici aussi haut que possible dans l'antiquité, et aussi loin que possible dans l'Orient. Examinons la philosophie Védanta, qui se rattache aux antiques extraits des Védas. L'auteur du système s'appelle Vyara.

Ce nom de Vyara est plutôt un nom générique qu'un nom particulier. Il se perd dans la nuit des temps. Les lois de Manou font allusion à la philosophie de Vyara; et cependant ces lois de Manou, postérieures à Vyara, sont antérieures, paraît-il, à la conquête d'Alexandre. Nous sommes donc tout près de l'origine.

L'homme, d'après Vyara, a pour aspiration le repos. Pour y parvenir, deux routes s'ouvrent devant lui : la pratique et la connaissance. Voici donc la vie active et la vie contemplative qui apparaissent toutes deux à l'aurore de la philosophie.

Mais la pratique ne peut produire, selon l'antique docteur, qu'une satisfaction imparfaite et passagère. Reste la connaissance; mais comment l'acquérir?

Les sens sont insuffisants, car les sensations ne saisissent que ce qui passe. Le raisonnement est insuffisant. Relatif de sa nature, il est sans force vis-à-vis de l'absolu.

Il faut donc que l'absolu parle lui-même et se révèle.

Les analogies sont trop frappantes pour qu'il soit nécessaire de les signaler. L'erreur tourne autour de la vérité. Mais les différences qui les séparent sont éclatantes de leur côté.

Partout la ressemblance et partout la dissemblance, tel est le sort de l'erreur vis-à-vis de la vérité, et nous verrons cette loi se développer dans tout le cours de l'Histoire.

Continuons l'analyse de Vyara, auteur du Védanta.

Le disciple doit donc s'attacher à la révélation de l'absolu faite par l'absolu. Mais elle ne se donne pas à lui sans condition. L'absolu ne livre pas facilement ses secrets. Il faut que le disciple se dépouille du désir de ce qui passe, qu'il renonce à toute jouissance terrestre, à tout bonheur provisoire. Le bonheur même des mondes qui suivront immédiatement celui-ci et qui doit récompenser les œuvres accomplies suivant les prescriptions des Védas, ce bonheur doit lui devenir indifférent. Il faut qu'il ferme ses sens au monde extérieur, qu'il se recueille au fond de lui. Vous voyez que l'ascétisme indien n'est pas une plaisanterie. Il s'agit de renoncer absolument à tout, et cela fait, qu'est-ce qu'on voit?

Heureusement pour le lecteur, il pourra

apprendre le secret sans accomplir tous les sacrifices par lesquels passe l'ascète indien, et en voir le résultat sans en goûter l'amertume.

Or, après l'initiation, l'ascète indien voit ceci :

Brahma seul existe, et tout ce qui n'est pas Brahma est une illusion.

Brahma est, comme vous voyez, la contrefaçon panthéistique du nom de Jéhovah.

Jéhovah est celui qui Est, et les créatures restent ce qu'elles sont, les réels ouvrages de ses mains.

Brahma, lui, Est seul, et le reste est un fantôme.

Les védantistes enseignent donc que l'esprit de l'homme est, vis-à-vis de la vérité, tantôt dans le sommeil et tantôt dans la veille.

Tant que l'homme considère les créatures et lui-même comme quelque chose, il est dans le sommeil, d'après les védantistes. Il prend des fantômes pour des réalités.

Le jour où il s'éveille, il reconnaît que Brahma est tout. Sa connaissance est un réveil. Les védantistes considèrent l'Être de Brahma comme un océan ; les existences des créatures seraient les bulles d'écume qui naissent et meurent à la surface de cette grande mer. L'illusion étroite et mesquine des sens nous présenterait cette écume comme distincte de l'océan, et chaque bulle de cette écume comme distincte des autres bulles. Mais l'ascète védantiste, qui s'éveille à la connaissance, ne voit là-dedans qu'une seule substance, un seul être, Brahma. Et dès lors les créatures ne sont plus pour lui que les images fantastiques qui peuplent le monde des songes.

Dans ce système, plus une chose est *visible*, plus elle est fausse. Plus elle est *voyante*, plus elle est vraie.

Le voyant et le visible sont les deux pôles entre lesquels oscille la réalité.

Ainsi les objets matériels sont visibles et ne sont pas voyants. Ils sont l'objet du regard et n'ont pas de regard. Ils représentent donc l'illusion la plus absolue. L'œil humain est visible aussi : donc il est illusoire ; — cependant, comme il est aussi voyant, il est moins loin de la réalité. L'intelligence humaine produit mille effets visibles ; elle est affectée de mille manières visibles ; elle est donc fausse. Cependant, comme elle est invisible en elle-même, elle est encore moins loin de la réalité. Brahma voit absolument tout, et est absolument invisible. Il est donc l'unique et absolue réalité.

Ce mépris absolu de la sensation et cette adoration arbitraire d'un absolu inventé par lui conduit l'ascète védantiste d'abîmes en abîmes, et plus il s'enfonce dans les ténèbres qu'il a créées, plus il admire la splendeur à laquelle il se croit parvenu.

*
* *

Ceux qui méconnaissent l'importance des théories et la nécessité de la rigueur métaphysique, comme si la morale était étrangère à ces choses et hors de leur atteinte, feront bien de réfléchir aux conséquences individuelles et sociales du dogme brahmanique.

Pourquoi, disent *toujours* les esprits légers, pourquoi se disputer sur la métaphysique, sans laquelle on peut si bien vivre?

Eh bien! étudiez, après Brahma, ses conséquences. Si tout est illusion, excepté Brahma, si en dehors de l'être absolu il n'y a rien, si la substance est *une,* l'homme, parvenu à la connaissance, ne peut plus se tromper et ne peut plus ignorer. L'erreur lui est impossible, car elle suppose une affirmation particulière, fondée sur la multiplicité des créatures; l'ignorance lui est impossible, car la connaissance implique la connaissance de tout.

Donc l'ascète a la toute-science et l'infaillibilité. Ce n'est pas tout. Il est dispensé de toute activité; car l'activité suppose la réalité de celui qui agit et de l'objet sur lequel il agit. A quoi bon agir, puisqu'il n'y a que Brahma? Ici nous touchons du doigt le quiétisme, qui n'est pas, à ce qu'il paraît, beaucoup plus neuf que le panthéisme.

L'erreur prouve la vérité. L'histoire de l'erreur, éclairée par la lumière vraie, jette sur la vérité des lueurs singulières que sans elle nous n'aurions pas. La génération des erreurs indique merveilleusement comment toutes les vérités se tiennent, et la monotonie des erreurs indique merveilleusement l'Unité, qui est le caractère de la vérité éternelle. Si l'étude de Brahma est si féconde, c'est qu'elle nous montre la stérilité de l'erreur, qui parcourt les siècles sans inventer rien et contrefait, par sa fade monotonie, la superbe immutabilité de la vérité éternelle.

Mais ce n'est pas tout. Poursuivons.

L'ascète est dispensé de l'erreur, de l'ignorance et de l'activité. Mais il est dispensé de bien autre chose. Que devient la distinction du juste et de l'injuste, du bien et du mal, puisque rien n'existe, excepté Brahma, qui est parfait? Toutes ces notions supposent des créatures multiples, imparfaites et faillibles; donc elles sont des illusions, et l'ascète voit mourir à ses pieds l'obligation morale qui repose sur la distinction et la diversité des idées et des créatures.

Et, après la mort, l'âme du sage, délivrée du souvenir des fantômes, perd son individualité et se confond avec Brahma.

Donc l'immortalité individuelle de l'âme s'écroule comme le reste.

*
* *

Depuis ces premiers efforts de l'Inde, le panthéisme n'a rien ajouté à sa doctrine,

J'ajoute, à l'honneur des temps modernes, qu'il en a beaucoup retranché.

Il est beaucoup moins logique, grâce à la lumière du christianisme, à laquelle ses ennemis n'échappent jamais complètement. Ainsi cette négation du bien et du mal, du juste et de l'injuste, n'est pas acceptée par l'immense majorité des panthéistes modernes. Les panthéistes valent mieux que le panthéisme : ils ont souvent l'honneur de n'être pas conséquents avec leur doctrine. Le christianisme a tellement pénétré l'air qui les environne, qu'ils le respirent malgré eux, et les notions morales dont l'atmosphère est imprégnée s'imposent aux intelligences en dépit des systèmes. Car le système a cela de particulier qu'il n'embrasse pas l'homme tout entier. Le panthéisme est une erreur absolue. Mais le panthéiste est une créature relative qui respire, malgré son système, l'air respirable aux poumons humains.

Le panthéiste est changeant, et grâce à la Vérité, qu'il ne repousse pas tout entière, le panthéiste actuel reconnaît mille vérités morales et sociales que le panthéiste d'autrefois, plus malheureux et plus logique, repoussait absolument.

L'ascète védantiste nie l'obligation morale et la présence du péché dans le monde, puisque Brahma est seul et que Brahma est parfait. Cependant ce même ascète, infiniment infidèle à cette conception, se prive de mille jouissances et s'impose mille sacrifices pour posséder cette philosophie qui lui impose mille obligations préalables, en déclarant qu'elle ne lui en impose aucune. S'il n'y a pas d'obligation morale, pourquoi ce dédain et cette abstinence des jouissances transitoires qui viennent des fantômes? pourquoi ce mépris de la sensation? Si rien ne trompe, puisqu'il n'y a que Brahma, pourquoi la sensation tromperait-elle, et si Brahma est tout, pourquoi Brahma ne serait-il pas aussi sensation?

Et, pour entrer dans la doctrine purement métaphysique, abordons le panthéisme dans son centre. Nous allons le trouver contradictoire à lui-même.

Il rejette les notions particulières et distinctes, et ne conserve que l'idée de l'Unité absolue. Mais cette idée d'Unité absolue, en tant qu'elle est dans l'esprit de l'homme, s'y distingue parfaitement des autres idées. Le panthéisme ne peut pas faire qu'il n'ait réellement en lui que l'idée de l'Unité absolue, et que toutes les autres soient réellement et franchement abolies à jamais. Donc c'est lui qui distingue, quand il prétend repousser la distinction. C'est lui qui distingue l'idée de l'Unité absolue et qui la choisit. Il fait, pour la distinguer et pour la choisir, toutes les opérations qu'il déclare illusoires et menteuses. S'il n'est rien lui-même, et si son esprit est incapable de distinction, comment fait-il pour distinguer ? Et si toute notion est fausse par cela seul qu'elle est distincte, comment la notion de Brahma est-elle vraie, elle qui est absolument distincte de toute autre notion, elle qui est le fondement même de la distinction ? Elle serait donc, du même coup, le fondement de l'illusion. Donc le panthéisme est obligé, pour opérer, de se servir des moyens d'opération que lui-même déclare faux et illusoires.

L'erreur, qui est monotone, est à la fois multiple et contradictoire. Toutes ses fantaisies s'engendrent et se contredisent. Ainsi Brahma a des disciples infidèles. A côté de cette erreur mère, il y a des erreurs qui se promènent au loin et qui vont à l'autre pôle du monde de l'erreur. Il y a la philosophie de la sensation, qui croit que tout est illusion, accepte la sensation, et qui finit par rejoindre Brahma dans l'absorption universelle du grand Tout et la négation de l'immortalité individuelle.

*
* *

Voyageons un peu. Quittons l'Inde. Allons en Perse. Après le panthéisme, nous allons trouver le dualisme. Expliquons-le en deux mots. Nous y reviendrons plus tard.

En Perse, voici deux principes : le principe du bien, Ormuzd, et le principe du mal, Ahriman. C'est le dualisme dans sa perfection.

Ormuzd est particulièrement le principe de l'esprit; Ahriman, le principe de la matière.

Voici donc une erreur parfaitement caractérisée et, si je puis le dire, parfaitement organisée. Deux principes : le bien et le mal, et la condamnation de la matière comme mauvaise essentiellement, mauvaise en elle-même.

III

Quelle peine se donne l'esprit humain!... Comme il travaille pour inventer! Quel labeur de se tromper! Comme l'erreur est compliquée, et comme la vérité est simple!

Les Pères de l'Église ont réfuté savamment et profondément le panthéisme et le dualisme. Ils ont montré comment la notion de la matière éternelle, ayant son existence à part, son existence indépendante et essentielle, était radicalement contradictoire avec l'existence de Dieu. Puis ils ont simplement exposé la simple vérité. Cette exposition par elle-même est triomphante et éclatante.

Dieu a tout fait, et tout fait de rien. Il a créé librement, par un mouvement de sa volonté, et les êtres sont sortis du néant. Les êtres sont faits d'après leur type divin; mais ils sont parfaitement et absolument distincts de Dieu, qui les a créés du néant. Le Créateur est parfait; le mal vient du péché de la créature.

Quoi de plus simple, de plus profond, de plus historique, de plus authentique ? Après toutes les réflexions faites et tous les systèmes épuisés, on se trouve en face du récit de Moïse, simplement et parfaitement vrai.

« Quel est, dit saint Augustin, quel est l'homme véritablement religieux, qui ne reconnaisse que toutes les créatures diverses, toutes les choses qui ont une nature propre, circonscrite dans certaines bornes, ont reçu l'être par la création de Dieu ?...

« Où placer les raisons des choses, sinon dans l'intelligence même du Créateur ? Car il ne contemplait hors de lui aucun modèle dont la création pût être une copie. Or il n'y a rien dans l'intelligence divine qui ne soit éternel et immuable. Ainsi ces raisons, principes des choses que Platon appelle idées, ne sont pas seulement des idées, mais leur être est l'Être vrai, puisqu'elles sont immuables et éternelles, et tout ce qui existe n'est arrivé que par elles à l'existence. »

Quoi de plus clair et de plus simple ? L'erreur met l'esprit à la torture. La vérité lui rend le jour et l'air.

Nous reviendrons, à propos de Platon,

sur la théorie des types. Mais nous voyons déjà la question résolue avec la facilité, la clarté et l'ampleur des choses parfaitement vraies. Pauvre esprit humain ! que de routes il fait dans le vide ! Et après ces détours, il faut qu'il s'incline devant Moïse et les commentateurs de Moïse :

JE SUIS CELUI QUI SUIS.

Le nom qu'entendit Moïse dans le buisson ardent est resté la lumière et le mystère de la vérité.

Inaccessible aux regards quant à sa gloire intérieure et essentielle, Dieu a manifesté ce qu'il a voulu manifester par la production des créatures, tirées du néant, et par les relations qu'il a établies entre elles et lui. Ainsi il a donné la lumière, et il a aussi donné le mystère, qui est un don, comme la lumière. Et il est resté l'Infini, enveloppé dans son secret.

Nous sommes tellement finis, que, pour exprimer l'Infini, nous nous servons d'un mot négatif : *infini,* non fini. Nous sommes obligés de prendre le fini pour base du mot, puis de le nier. Le mot Infini a trois syllabes, et le fini occupe deux d'entre elles. Deux sur trois, c'est beaucoup. Quand nous essayons de parler de l'Infini, le fini nous remplit la bouche. L'affirmation absolue devient entre nos lèvres une négation, la négation du fini.

Autant faut-il dire de l'Immense. Immense : sans mesure. Nous sommes obligés de parler de mesure pour dire que l'Immense n'en a pas.

Ainsi notre limite éclate et s'affirme par les efforts même que nous faisons pour parler d'autre chose et pour nous distraire d'elle.

IV

Après avoir établi pour l'homme la nécessité de croire et montré l'univers comme la manifestation de la chose cachée qui est l'objet de la croyance ou qui se rapporte à lui, nous avons établi cette grande vérité :

Les siècles nous parlent de Dieu ;

Les choses sensibles sont le vestige ou l'image des choses invisibles ;

Les archétypes des créatures résident

dans le Verbe de Dieu, et Dieu a tiré du néant librement ses créatures à l'instant choisi par lui.

La philosophie indienne nous a montré le panthéisme, qui n'a pas attendu Spinoza pour naître; la philosophie persane a étalé devant nous le manichéisme, qui n'a pas attendu nos passions pour nous dire que le bien et le mal enivrent; mais qui a radicalement faussé la notion du bien et celle du mal, en leur donnant à tous les deux une existence substantielle et éternelle, représentée par deux principes, l'un bon, l'autre mauvais.

Enfin saint Augustin, d'après saint Paul et d'après la doctrine, nous a montré la vérité dans sa simple magnificence. Un Dieu unique, créateur de toutes choses, qui a tout fait de rien; les créatures libres ont péché, et voilà l'existence du mal.

Les systèmes sont des machines à torture, et il n'y a rien de compliqué comme une machine à torture; la vérité est un soulagement. Il y a du repos dans la notion de la vérité. Elle donne à l'esprit une fête reposante et musicale. La vérité est le sabbat de l'esprit. Et si de sa connaissance l'homme s'élève à sa méditation, et de sa méditation à sa contemplation, il gagne en profondeur en même temps qu'en hauteur. Son repos est plus profond, parce que son acte est plus élevé. Car le repos et l'action s'accompagnent dans ces régions magnifiques aussi fidèlement que la profondeur et la hauteur. Toutes les splendeurs se font cortège, et jamais elles ne se heurtent.

V

Les choses visibles sont donc faites sur le modèle des invisibles. Saint Paul, qui nous l'a dit, va nous le prouver.

Les paroles de l'Écriture sont des abîmes, et ces abîmes se creusent suivant la profondeur du regard qui les explore. Saint Paul nous a dit comment les siècles manifestent quelque chose du Verbe de Dieu, et comment le visible exprime l'invisible.

Maintenant il va jeter sur les Juifs, sur les nations et sur Jésus-Christ, leur attente commune, un coup d'œil d'aigle qui va embraser le monde comme un éclair embrase la nuit.

Voici la parole qui va nous guider :

Quoniam et Judæi signa petunt, et Græci sapientiam quærunt; nos autem prædicamus Christum crucifixum, Judæis quidem scandalum, gentibus autem stultitiam, ipsis autem Judæis vocatis atque Græcis Christum Dei virtutem et Dei sapientiam.

« Les Juifs recherchent les signes; les
« Grecs, la sagesse; nous, nous prêchons
« Jésus-Christ crucifié, scandale pour les
« Juifs et folie pour les Gentils, mais qui,
« pour les Juifs élus et pour les Gentils
« appelés, est vraiment la puissance et la
« sagesse de Dieu. »

Il faut expliquer profondément cette parole approfondie, et si quelqu'un entre dans l'intelligence de cette phrase, il aura conquis peut-être un nom nouveau.

Dieu fit tout dans le poids, dans le nombre et dans la mesure.

Les cinq premiers jours avaient vu dresser le théâtre où devait paraître l'homme. Au sixième jour, Adam sortit vivant des mains de Dieu : la matière fut portée dans la chair humaine à son plus haut degré d'organisation et de beauté.

L'univers exprima l'unité et la diversité. L'unité répond à l'ordre général, la diversité aux créatures multiples et différentes qui sont embrassées, sans être confondues, dans cet ordre général.

Les créatures sont multiples, mais tendent à l'unité. Contemplateur de ce grand ouvrage, l'homme du Paradis terrestre était, pour adorer le Créateur, la voix de toutes les créatures sensibles.

Il pouvait se recueillir de la multitude vers l'unité : il pouvait recueillir la multitude et la porter vers l'unité. Il avait nommé les animaux. Les signes sensibles avaient devant lui une transparence qui le conduisait au type invisible. Chaque manifestation créée tournait vers le Créateur Adam intelligent, et la lumière de son innocence illuminait son spectacle. Les idées et les signes s'unissaient les uns aux autres dans la splendeur de l'ordre admirable et admiré par Dieu lui-même.

Adam pécha. Voici l'heure du brisement.

La mort est la séparation de l'âme et du corps. Les idées et les signes ne firent plus entendre à l'homme coupable leur harmonie d'autrefois. L'amour se changea en haine, et l'ordre en confusion.

L'homme innocent était monté des créatures multiples vers lui-même, et de lui-même vers Dieu.

L'homme coupable tomba de l'union divine sur lui-même, et de lui-même sur la multitude.

Et l'élément multiple, au lieu de concourir à l'élément *un*, tendit à le détruire.

L'élément multiple, au lieu d'un secours, devint une distraction.

Alors les signes sensibles, au lieu de conduire l'homme aux réalités invisibles, l'arrêtèrent sur eux-mêmes, l'égarèrent sur eux-mêmes. Au lieu d'écouter les astres chanter la gloire de Dieu, il se laissa tromper par leur voix qui chantait, et les adora pour eux-mêmes.

Pendant que la créature visible captivait l'adoration des uns, elle fut niée, oubliée, méprisée par les autres, qui coururent à la recherche d'une sagesse imaginaire, dépourvue de pratique et de réalité. Ainsi deux routes d'erreur s'ouvrirent devant les hommes, qui se précipitèrent à corps perdu dans l'une et dans l'autre.

Les uns, dans l'oubli complet de l'invisible, adorèrent des signes sensibles qui ne signifiaient plus rien.

Les autres, dans l'oubli complet des réalités visibles, adorèrent une sagesse tronquée ou absolument fausse, qui sortait tout armée de leur cerveau.

La sophistique adora une certaine sagesse et s'égara sur elle.

L'idolâtrie adora certains objets matériels et s'égara sur eux.

Mais Dieu, qui, à travers le concours, le mélange et le fracas des choses multiples, se réserve toujours une part qui est l'unité, Dieu se réserva un peuple.

Dieu, qui s'était réservé dans le paradis terrestre un arbre, dans la semaine un jour, le jour du sabbat, se réserva dans la foule des nations un peuple, le peuple juif.

Le peuple juif vivait de figures. Tout lui arrivait en figures. Tout chez lui était figures. Ces figures, voulues de Dieu, avaient de profondes significations. Instituées par ordre de Dieu, elles étaient pleines de hauteur, de mystères et de prophéties, mais elles étaient des figures. Il fut défendu à ces figures augustes et divines de se corrompre jamais dans l'idolâtrie. Mais elles durent rester à l'état de figures. Le peuple juif était le jardin de Dieu, où toutes les plantes avaient leur signification symbolique. Parmi les fleurs et les fruits de ce jardin, il faut compter les miracles. Les Juifs cherchent les signes, les Juifs demandent les miracles. *Judæi signa petunt*[1].

* * *

Nous n'avons pas quitté, même une minute, la grande phrase de saint Paul. Nous n'avons pas fait de digression. Nous avons seulement préparé la lumière où il faut placer, pour la comprendre, la parole du grand Apôtre.

Les miracles, les signes, toute cette manifestation extérieure répond à la puissance

---

[1] « Les juifs demandent des signes, des miracles. »

de Dieu, à sa vie externe. Cette puissance, l'Écriture la désigne sous le nom de *virtus*.

La chose invisible, la sagesse cachée, le mystère qui ne se touche pas, toute cette vérité intangible est désignée par ce mot : *sapientia,* « sagesse. »

Or que fait la philosophie païenne ? Prenons la philosophie grecque, pour ne parler que d'elle en ce moment.

Si nous parlons d'elle après avoir parlé de la religion, n'oublions pas que l'une est une philosophie, et l'autre une religion. N'oublions pas l'abîme qui sépare les choses humaines et les choses divines. Au point de vue de l'origine et de la destinée, la philosophie grecque est tout ce qu'il y a de plus humain. Au point de vue de l'origine et de la destinée, la religion juive fut établie de Dieu.

Ces explications nécessaires étant données, suivons la philosophie grecque. Où va-t-elle ? Elle va vers l'idée. Que cherche-t-elle ? La sagesse. La sagesse telle qu'elle la conçoit, la sagesse arbitraire, la sagesse, la sagesse à la fois incomplète et exclusive, la sagesse sans signe, la sagesse insuffisante et isolée.

« Êtes-vous un sage? demandait quelqu'un à Pythagore.

— Non, répondit-il; je suis seulement celui qui cherche la sagesse. »

De là le mot de la philosophie.

Cette sagesse fut l'idéal vers lequel soupira la Grèce. Elle fit beaucoup de belles et de grandes choses. Mais le mélange resta toujours chez elle. Elle fut incomplète, inconstante, égarée, tantôt subtile et tantôt grossière. L'aveuglement et l'impureté eurent droit de cité chez elle.

Nous avons déjà aperçu dans l'Inde les efforts de la philosophie, qui s'égarait vers le panthéisme. Nous avons jeté un coup d'œil sur les recherches de la philosophie persane, qui s'égarait vers le dualisme. Nous étudierons en Grèce les différentes formes de l'erreur et aussi les découvertes de la vérité, découvertes accidentelles et insuffisantes, mais réelles et historiques, qui furent permises au génie de Platon. Et Platon ne fut pas isolé. Ni ses gloires ni ses hontes n'appartinrent à lui seul.

La philosophie grecque tant célébrée, tant désirée, fut en somme un effort de l'esprit humain, et il faut avouer que cet effort, qui arrache quelquefois des cris d'admiration, fut cependant la grande école d'erreur où l'erreur multiforme fut enseignée, propagée, adorée : et l'humanité entra dans cette école. Cette recherche de la sagesse, souvent sincère et quelquefois belle, nous montre la situation de l'homme vis-à-vis de la sagesse. Non, certes, il n'est pas incapable d'elle ; fait pour elle, il lui livre de glorieux assauts, où il est quelquefois vainqueur. Mais quel monceau de ruines ! que de sang, que de morts sur le champ de bataille !

Combien peu d'hommes arrivent à quelques vérités ? Combien ces vérités sont tremblantes dans leur esprit ! combien mélangées, combien insuffisantes ! Ce mélange fatal, cette part d'erreur épouvante l'esprit qui embrasse la philosophie d'un regard. Cependant, disons-le, disons-le bien haut, avec la justice, avec l'évidence, avec l'histoire, avec saint Paul : « Les Grecs cherchent la sagesse. » *Græci sapientiam quærunt.*

Les Juifs s'attachent aux signes ; voilà la

thèse. Les Grecs recherchent la sagesse ; voilà l'antithèse.

Les efforts dirigés des Juifs cherchent la puissance de Dieu, que nous exprimons par le mot *virtus*.

Les efforts tantôt légitimes, tantôt égarés de la philosophie grecque se précipitent sur la sagesse : *sapientia*.

C'est pourquoi le Désiré des Patriarches, le Désiré des Prophètes, le Désiré d'Anne, le Désiré de Siméon est aussi le Désiré des nations ; c'est celui que prêche saint Paul aux Hébreux et aux nations : *Christum Dei virtutem et Dei sapientiam*, « le Christ puissance de Dieu et sagesse de Dieu. »

Christum Dei virtutem : Signe, manifestation, force, activité, il a tout cela, il est tout cela. *Christum Dei virtutem.* Il est Celui qui fait les miracles. Il est le Roi des Juifs. Il est Celui qui dit : *Lazare, veni foras.* « Lazare, sors du tombeau. » Il est la Force.

Lazare, sors du tombeau ! « Jamais, dit Bossuet, on n'avait traité la mort d'une façon si impérieuse. Il lui parle en maître. Il commande aux vents et aux tempêtes. La nature s'étonne de sa vie et frémit de sa mort. » Le voile du temple se déchire ; la terre s'entr'ouvre ; les tombeaux troublés laissent échapper leur proie ; le soleil voilé avertit Denys, qui se promenait bien loin de là, sur les bords du Nil, qu'une chose étonnante s'accomplissait. Le ciel, la terre et la mer obéissent chacun suivant sa nature. Le signe est donné, *Christum Dei virtutem* : voilà bien le Roi des Juifs. Le centurion a le droit de se frapper la poitrine.

Mais ce n'est pas tout. Celui que prêche saint Paul est aussi la sagesse de Dieu. Et ce même saint Denys, qui fut averti dans sa promenade par le soleil avant d'être averti à l'Aréopage par saint Paul, ce même saint Denys était le représentant de la science grecque dans ce qu'elle avait d'oriental.

VI

La science antique avait trois aspects principaux : l'Asie, la Grèce et Rome.

La Grèce, c'est le raisonnement et souvent le sophisme; c'est la subtilité, la finesse, l'idée déliée qui, souvent dégagée de l'image, s'avance et progresse en se jouant. C'est le jeu d'esprit, la ruse, la lutte des rhéteurs, l'ironie socratique. Cette ironie, qui ne ressemble pas précisément à la chose que nous désignons en français par le même mot, est une ruse de guerre, qui a pour but et pour effet de mettre l'adversaire en contradiction avec lui-même. La langue grecque, si douce, si flexible, si riche, si obéissante aux nuances de la pensée, se prêtait merveilleusement à ces plaisirs intellectuels, dont la finesse était la cheville ouvrière. Platon avait deux hommes en lui, le Grec et l'Oriental. Le Grec était sophiste ; l'Oriental, malgré les erreurs dont il était atteint, frappait et frappe encore l'esprit par une grandeur incomparable. Le Socrate de Xénophon n'est pas le Socrate de Platon. Le premier est purement Grec ; le second est Grec et Oriental.

*
* *

La science asiatique, malgré ses erreurs et dans ses erreurs, possède un élément de mystère et de contemplation. Son regard est fixe, profond, continu, solennel. Elle est plus sérieusement tourmentée que la Grèce du désir de savoir. Elle aspire gravement à une intuition suprême. Elle rêve et parle peu. Ses héros vivent en silence et meurent mystérieusement. Leur absorption dans le Nirvana est une erreur si vague, qu'elle échappe même à l'analyse.

Qu'est-ce que le Nirvana? Personne ne l'a jamais su. Est-ce l'anéantissement pur et simple? Est-ce un genre de béatitude mal connu, mal défini, mal caractérisé? M. de Mirville, dans ses savants travaux sur les fausses religions et sur la corruption des traditions premières, penche vers cette supposition. Est-ce une absorption dans le grand Tout, qui ne serait autre chose qu'un anéantissement mal dissimulé? Quoi qu'il en soit, le caractère de la science asiatique est un essai de contemplation.

Écoutez Joseph de Maistre :

« L'Asie, au reste, dit-il, ayant été le théâtre des plus grandes merveilles, il n'est pas étonnant que les peuples aient conservé un penchant pour le merveilleux plus fort que celui qui est naturel à l'homme en général, et que chacun peut reconnaître en soi-même. De là vient qu'ils ont toujours montré si peu de goût et de talent pour nos sciences de conclusion. On dirait qu'ils se rappellent encore la science primitive et l'ère de l'intuition. L'aigle enchaîné demande-t-il une montgolfière pour s'élever dans les airs ? Non : il demande seulement que ses liens soient brisés. Et qui sait si ces peuples ne sont pas destinés à contempler des spectacles qui seront refusés au génie ergoteur de l'Europe ? Quoi qu'il en soit, observez, je vous prie, qu'il est impossible de songer à la science moderne, sans la voir constamment environnée de toutes les machines de l'esprit et de toutes les méthodes de l'art.

« Sous l'habit étriqué du Nord, la tête perdue dans les volutes d'une chevelure menteuse, les bras chargés de livres et d'instruments de toute espèce, pâle de veilles et de travaux, elle se traîne, souillée d'encre et toute pantelante, sur la route de la vérité, baissant toujours vers la terre son front sillonné d'algèbre. Rien de semblable dans la haute antiquité. Autant qu'il nous est possible d'apercevoir la science des temps primitifs à une si énorme distance, on la voit toujours libre et isolée, volant plus qu'elle ne marche, et présentant dans toute sa personne quelque chose d'aérien et de surnaturel. Elle livre aux vents les cheveux qui s'échappent d'une mitre orientale ; *l'éphod* couvre son sein soulevé par l'inspiration. Elle ne regarde que le ciel, et son pied dédaigneux semble ne toucher la terre que pour la quitter, etc. etc. »

Ne semble-t-il pas que, dans ces lignes superbes, de Maistre se soit inspiré du génie oriental qu'il contemplait, et qu'il en ait partagé, au moment où il les célébrait, la richesse et la splendeur ?

*
* *

Passons à l'extrême opposé. Voici la Rome antique.

Rome, c'était le gouvernement, l'action, la force, l'autorité. Le nom de son premier roi signifie la Force ; le nom de son second roi signifie la Loi. Romulus et Numa expriment fort bien à eux deux l'ancienne Rome. La loi romaine, en effet, était au service de la force romaine. Ce n'était pas cette loi sombre et contemplative, vague et mystérieuse de l'Inde. C'était le contraire. Ce n'était pas non plus la loi de la philosophie grecque transcendante, la loi absolue, celle que cherchait Platon. Ce n'était pas non plus cette loi rhétoricienne et sophistique, ce jeu d'esprit qui fit le succès et l'amusement du peuple athénien, conseillé et dégradé par des sophistes et par des rhétoriciens de bas étage à l'époque de sa décadence. Non: Rome, c'était la loi politique, relative, appropriée aux besoins et aux intérêts du peuple-roi, la loi essentiellement pratique et essentiellement bornée; c'est la loi ordonnatrice de la force. C'est la relation de Numa à Romulus. Toute la pensée romaine est tournée vers la guerre et la domination.

Tu regere populos, Romane, memento[1].

L'ignorance et le mépris des sagesses théoriques était un des caractères de Rome.

Or ces pauvres sagesses romaines, dépourvues de plénitude et d'exactitude, dépourvues de pureté et dépourvues de suffi-

---

[1] « Romain, souviens-toi que tu as à régner sur les peuples. »

sance, avaient fait leurs pauvres efforts vers la sagesse divine. Qu'ont valu ces efforts, et comment ont-ils compté devant Dieu? Je ne sais. Dieu le sait.

* * *

Les pensées de ces hommes, qu'on appelait des sages et qui s'appelaient des philosophes, les ont accusés ou défendus au tribunal du souverain Juge, dont la justice est insondable. Quant à leur sagesse, nous savons qu'elle a été habituellement courte et toujours entachée. La pureté lui a été refusée, même quand la hauteur lui était concédée. Platon est là pour rendre témoignage à l'insuffisance de la hauteur, quand la hauteur n'est pas maîtresse de la sécurité.

VII

Mais voici une parole absolument haute et absolument pure, et douze pêcheurs s'en vont porter à travers le monde une doctrine totalement sans mélange. Douze pêcheurs possèdent la profondeur et la sûreté de la doctrine! La sûreté, chose inouïe! Inouïe dans le vrai sens de ce mot! chose inconnue aux nations, et connue seulement dans la nation méprisée, dans la nation juive, parce qu'elle était la nation choisie!

Ces douze pêcheurs ne se trompent pas. Non seulement ils vont loin, mais ce qui est plus extraordinaire, ils ne se trompent pas. L'égarement est si facile à l'homme! L'homme est si facile à l'égarement! Même avec la ressource du génie et la ressource de la science, même avec de grandes aspirations et de grandes vérités possédées, même avec des trésors de lumière naturelle entassés les uns sur les autres, avec ces trésors, qu'il faut se garder de nier et qu'il faut se garder de mépriser, même avec la sagesse personnelle entée sur la sagesse des siècles, l'égarement est encore si facile et la sécurité si difficile, la pureté si difficile, sur le terrain de la doctrine!

Or voici douze hommes qui sortent vous savez d'où.

Ils prêchent les choses les plus hautes, les plus inconnues d'eux-mêmes il y a quelques jours; ils prêchent la science des sciences, et ils ne se trompent pas. C'est qu'ils prêchent le Christ, vertu de Dieu, et le Christ, sagesse de Dieu!

Le Christ, scandale pour les Gentils et folie pour les Juifs, si les Juifs et les Gentils persistent dans leur aveuglement, mais puissance de Dieu et sagesse de Dieu pour les Gentils et pour les Juifs appelés.

Chacun de ces mots est profond et profond comme un abîme.

Perdus dans la vanité de leur esprit et dans l'orgueil de leurs pensées, les Gentils rencontraient dans le mystère du Christ un scandale. Le scandale s'adresse à l'intelligence.

La philosophie grecque, qui avait méprisé la matière; la philosophie grecque, si hautaine et si subtile, qui traitait la vie avec tant de variété, et la mort avec tant de dédain ; cette philosophie regardait la Croix avec un mépris aveugle et qui semblait d'autant plus incurable, qu'il avoisinait dans ceux qu'il aveuglait mille lumières respectables sur la grandeur de Dieu et l'immortalité de l'âme. Ces lumières semblaient rendre plus invulnérables les ténèbres qui les avoisinaient, et plus invraisemblables la conversion de ces philosophes, éclairés ici et aveuglés là. Cependant le jour où ils sont appelés, les voilà qui adorent ce qu'ils méprisaient ! Et ils tombent à genoux devant l'objet de leur scandale, et Denys suit saint Paul, et il devient saint Denys. Lui, le plus haut de ces philosophes de la science pure, il tombe à genoux, car il est appelé.

Les Juifs avaient trouvé la Croix folle, parce qu'elle n'entrait pas dans leur plan ni dans l'idée qu'ils s'étaient faite du Messie attendu. Mais les Juifs élus tombent à genoux devant la Sagesse, que la lumière leur montre. Saint Paul tomba foudroyé. Le chemin de Damas prépara l'Aréopage. Le foudroiement de Paul prépara la conversion de Denys. Ainsi l'écho des coups de tonnerre se répercute de montagnes en montagnes. Le Juif et le Gentil adorèrent la Sagesse et la Puissance là où ils avaient vu la folie et le scandale, et prêchèrent eux-mêmes ce Christ, puissance et sagesse de Dieu : *Christum Dei virtutem et Dei sapientiam !*

La sagesse de Salomon dépassait la sagesse des Orientaux, des Égyptiens et des Phéniciens. Salomon était la figure de Jésus-Christ. Salomon n'était pas la Sagesse divine; mais il avait une certaine sagesse, et l'Écriture nous la déclare supérieure aux trois sagesses que je viens d'indiquer.

Les Orientaux ont reçu les premières révélations de Noé. Voilà la science asiatique. Les Égyptiens ont fourni à la Grèce les premiers éléments de la science européenne. Les Phéniciens, qui furent pendant plusieurs siècles les maîtres de la navigation, portèrent sur tous les côtés de la Méditerranée les connaissances dont ils étaient dépositaires. Rome se place ici tout naturellement avec sa science politique.

Salomon, disais-je, était la figure de Jésus-Christ, et sa science était un don de Dieu;

par là même elle était hors de comparaison avec toute science humaine.

Quant à Celui dont Salomon était la figure, il est la sagesse même de Dieu ; sa sagesse n'est pas composée des différentes sagesses humaines. Il est la sagesse divine elle-même, il n'est pas seulement en dehors des lois de la comparaison. Il est la sagesse parfaite, absolue, la sagesse de Dieu.

La parole de Dieu montre le mystère de Dieu. La parole de l'homme montre le mystère de l'homme. Toutes deux sont précédées de la voix. La voix rend témoignage. Les faits de l'homme sont constatés par l'homme aux archives de l'homme. Les faits de Dieu sont constatés par Dieu aux archives de Dieu.

* *
*

Il y eut un homme que Dieu chargea de rendre témoignage de la lumière, et cet homme déclara qu'il était « la voix ».

Dès ses premières années, on se demandait quel serait cet enfant, dont la naissance avait été annoncée par un ange et chantée par son père. « J'ai vu, dit le Psalmiste, c'est pourquoi j'ai parlé. » Zacharie n'avait pas vu, c'est pourquoi il était devenu muet. Enfin l'enfant naît; Zacharie voit et chante.

Comme on continuait à ne pas savoir quel était Jean-Baptiste, on alla le lui demander à lui-même. Sa réponse fut étrange. Il confessa qu'il n'était pas Élie, qu'il n'était pas le Christ, qu'il n'était pas Prophète, mais qu'il était une voix.

Et il ajouta qu'il était la voix d'un autre, la voix de Celui qui crie dans le désert. Il ne dit pas : J'ai une voix. Il ne dit pas : Ma voix crie. Il dit : Je suis une voix. Je suis la voix de Celui qui crie. Je suis la voix du criant. Il était tout entier une voix. Ce n'était pas seulement le son qui sortait de ses lèvres, c'était toute sa personne qui était une voix. Les yeux de saint Jean-Baptiste, sa physionomie, son costume, son geste, sa personne, son jeûne lui-même, tout ce qui était lui, tout cela était une voix, et ce n'était pas sa voix, c'était la voix d'un autre. Toute la voix se rapporte à la parole.

Tout saint Jean-Baptiste se rapportait à Jésus-Christ. Dans l'acte de la parole, la voix précède, le son se fait entendre d'abord, et la lumière n'est faite dans l'esprit qu'après lui. Saint Jean a précédé Jésus-Christ.

Dans l'acte de la parole, quand l'idée a illuminé l'âme, le son, désormais inutile, périt en tant que son. Il ne vibre plus que matériellement; mais le mot qu'il a fait entendre reste dans l'esprit.

Quand le Verbe a parlé, saint Jean-Baptiste, la voix de Celui qui criait dans le désert, disparaît. On lui coupe la tête; il meurt le premier.

Il me semble que les deux paroles de saint Paul s'expliquent et s'éclairent magnifiquement l'une par l'autre : *Fide intelligimus optata esse sæcula Verbo Dei, ut ex invisibilibus visibilia fierent.* Voilà le plan divin de la création. Les choses visibles manifestent l'invisible. *Judæi signa petunt, Græci sapientiam quærunt.*

Voilà la recherche du visible et la recherche de l'invisible.

Christum Dei virtutem et Dei sapien-

tiam; voilà le Christ, puissance de Dieu, et le Christ, sagesse de Dieu ; le Christ qui agit, et le Christ qui enseigne ; le Christ qui ressuscite Lazare, et le Christ qui évangélise les pauvres.

VIII

Nous avons étudié dans l'histoire ancienne les désirs de l'âme humaine. Nous avons constaté deux grands courants, très divers, très opposés l'un à l'autre. Nous avons divisé ce désir en deux parts : le désir des Gentils et le désir des Juifs. Nous avons constaté la différence énorme qui existait entre ces deux désirs, si distants quant à leur nature, et si distants quant à leur but. Nous avons vu la science antique, représentée par la Grèce, chercher la sagesse. Nous avons vu les Juifs, divinement guidés dans leurs aspirations, chercher la puissance. Nous avons étudié ces deux mots : *sapientia, virtus,* et nous avons reconnu le désir des nations et l'attente d'Israël ; nous avons reconnu Jésus-Christ, *Christum Dei virtutem et Dei sapientiam*[1].

Ne serait-il pas profondément intéressant de rechercher dans le monde moderne la direction prise par les deux tendances qui se partageaient le monde antique, et, au centre, au principe, à la base et au sommet de tout, la Vérité poursuivant sa marche pacifique, Jésus-Christ, puissance et sagesse de Dieu, *Christum Dei virtutem et Dei sapientiam?*

Nous ne trouverons pas entre le monde antique et le monde moderne d'identité. La croix qui les sépare leur interdit de se ressembler.

Les Juifs, qui cherchaient spécialement le signe (*Judæi signa petunt*), étaient divinement inspirés dans cette recherche et cette ardeur vers le sensible qui les poussait à la recherche du miracle et du fait extérieur. Cette ardeur, parce qu'elle était voulue de Dieu, n'excluait nullement l'adoration spirituelle de la Divinité; l'adoration vibrait dans le peuple juif, et les merveilles

[1] « Le Christ est la puissance de Dieu et la sagesse en Dieu. »

sensibles qui l'entouraient exaltaient, au lieu de l'abattre, l'Esprit d'adoration dont il était pénétré. Toutes les splendeurs de la parole hébraïque sont là pour rendre ce témoignage. Le Juif, toutes les fois qu'il était fidèle, était un magnifique et profond adorateur.

Les Psaumes devraient avertir la science moderne de son erreur, quand elle essaye d'abaisser le génie hébraïque, quand elle tente de le classer parmi les superstitions ou parmi les tendances superstitieuses. David était un des hommes en qui l'Esprit a crié ses cris les plus sublimes. Il a parcouru la gamme des sentiments humains. Il a été lion, panthère et tigre. Il a été aigle et colombe. Sa vie fidèle a été presque écrasée sous les splendeurs de sa vie pénitente; les sept psaumes qui ont marqué et célébré celle-ci ont presque fait oublier l'autre. Sa pénitence est devenue plus populaire que sa fidélité, et si je consulte la plupart des hommes et leur mémoire, je m'aperçois que, pour le prophète-roi, l'immortalité de son repentir a presque effacé l'immortalité de ses autres gloires.

Et Moïse ? L'Esprit d'adoration le pénétra avec une telle intensité, que l'illustration de sa puissance fut égalée par l'illustration de son zèle. Sa main étendue ouvrit la mer Rouge. La même main mit le veau d'or en poussière. S'il déploya la puissance au jour où il délivra le peuple, il déploya l'Esprit au jour où il brûla l'idole de ce même peuple délivré.

Il est donc certain et attesté par les plus magnifiques respects de l'histoire que la puissance cherchée et manifestée par les Juifs ne fut pas étrangère à l'Esprit.

Toute chose est cependant capable ici-bas de corruption. Il y a un certain esprit, avide de signes et étranger à l'Esprit qui fait les signes légitimes. Cet esprit, que j'écris avec un *e* minuscule, pour le distinguer de l'Esprit, est la corruption de l'Esprit juif, avide de signes, rempli d'observances. Mais l'esprit dont je parle, l'esprit corrompu, se contente du signe extérieur et ne s'aperçoit pas qu'il lui manque l'Esprit de vie, la vie elle-même, la vie illuminante.

Or « la lettre tue et l'Esprit vivifie ». —

Toutes les fois qu'une vérité profonde et absolument philosophique se propose à nous et se montre sur notre passage, un texte de saint Paul s'offre en même temps.

C'est saint Paul qui nous a dit le mystère de la Création montré par la foi. Il nous a dit la signification des choses visibles, manifestant les choses invisibles et l'aptitude des siècles à nous révéler quelques-uns des secrets de l'éternité. Il nous a appris à lire dans le livre de l'univers, dont les caractères mystérieux révèlent des splendeurs étrangères et cachées. Il nous a montré l'utilité, la beauté, la légitimité des signes; en même temps il nous a indiqué quelques-uns des secrets de la sagesse. Il nous a montré le Christ, Sagesse et Puissance. Il nous a montré le Christ, Force et Lumière. Il ne voulait savoir, disait-il, que Jésus-Christ, et Jésus-Christ crucifié. Lui, le savant, il ne voulait pas savoir autre chose, tant il avait pénétré haut et profond dans l'abîme caché sous ce mot. C'est encore lui qui nous dit : « La lettre tue et l'Esprit vivifie. »

Il le savait bien, lui, le pharisien converti, il savait bien que la lettre tue; mais il savait bien aussi, lui, le foudroyé du chemin de Damas, comment l'Esprit vivifie. Il savait bien que l'Esprit vivifie, pénétrant le signe sans le détruire. Il savait bien que la Foi, qui est un Esprit, est la fontaine des signes, la source des miracles et la racine des faits. Il savait que c'est par elle qu'Abel offrit ses sacrifices : la Foi était l'Esprit, la victime était le signe ; par elle qu'Hénoch fut transporté : la Foi était l'Esprit, et le transport était le signe ; par elle que Noé fit l'arche : la Foi était l'Esprit, et l'arche était le signe ; par elle qu'Abraham quitta son pays, ne sachant où il irait ; par elle qu'il offrit Isaac en sacrifice : la Foi était l'Esprit, et le glaive était le signe ; par elle que Moïse ouvrit la mer Rouge et passa entre ses flots séparés : la Foi était l'Esprit, et le passage était le signe ; par elle que les murs de Jéricho s'écroulèrent : la Foi était l'Esprit, et leur chute était le signe, etc. etc.

*
* *

Mais il y a un certain goût du signe sans Esprit, du fait sans idée. Cette corruption du judaïsme, très répandue dans le monde moderne, nous l'appellerons du nom général de superstition. Beaucoup de ceux qui sont ainsi ne se croient pas superstitieux. Ils le sont sans le savoir. Je dis superstition, je pourrais peut-être dire idolâtrie. Saint Augustin appelle idolâtres, non seulement ceux qui adorent une idole grossière, mais ceux qui adorent Dieu d'une indigne adoration, et qui font de lui une idole, grâce aux efforts de la corruption qu'ils ont mêlée à son culte. Ceux donc qui s'attachent à un acte, à un signe, à un fait, à un objet matériel, indépendamment de l'Esprit qui le doit vivifier, ceux-là sont superstitieux, et saint Augustin les appelle idolâtres.

Il est une façon d'accomplir les actes que l'on croit religieux, qui les sépare de la communion universelle des saints. Ainsi font ceux qui accomplissent en dehors de l'Église des actes semblables ou à peu près semblables à ceux qui s'accomplissent dans le sein de l'Église; car nous avons trouvé Jésus-Christ principe, centre et sommet, puissance et sagesse de Dieu. Nous allons tout à l'heure trouver l'Église gardienne et dépositaire de sa sagesse et de sa puissance, possédant l'Esprit, possédant le fait, continuatrice de sa double vertu, et s'adressant à l'homme tout entier, corps et âme.

IX

En face de ce culte du signe sans idée, que je viens d'appeler superstition, il y a un autre écueil plus dangereux pour les hommes cultivés, plus voisin des intelligences exercées, plus séduisant pour elles, plus tentateur et plus caché. C'est la disposition de l'âme à choisir l'Esprit et à repousser le signe, à adorer l'idée et à mépriser le fait, à vouloir la théorie et à dédaigner la pratique, à prendre le Dieu arbitraire que l'on se fait à soi-même et à rejeter la révélation que Dieu a faite de Lui aux hommes. Cette erreur, qui fait face à l'erreur précédente, à l'erreur superstitieuse; cette erreur, qui continue dans le monde moderne les erreurs de la philosophie antique séparée de la tradition, et qui imite la Grèce par son côté négatif; cette erreur, nous l'appellerons d'un nom général : incrédulité.

L'incrédulité, en effet, si on la saisit dans son principe historique et psychologique, commence par mépriser les signes et les faits. Elle commence par le mépris. Elle finit par un autre mépris qui est situé au fond de l'abîme. Le mépris est son acte initial. Le mépris est son acte final.

L'incrédulité qui commence méprise avec un sourire. L'incrédulité qui arrive au terme méprise avec une grimace.

L'incrédulité qui commence méprise certains signes extérieurs dont elle ne comprend pas la sagesse profonde et la divine portée. L'incrédulité qui finit, c'est-à-dire qui se consomme, méprise jusqu'aux principes sur lesquels elle paraissait s'appuyer, quand elle méprisait les signes.

L'incrédulité qui commence est fière des idées dans lesquelles elle prétend avoir une confiance absolue, et abuse de cette confiance vraie ou fausse pour dédaigner les signes qui portent ses idées. L'incrédulité qui s'achemine vers son terme méprise les idées elles-mêmes.

L'incrédulité qui commence méprise l'eau bénite, oubliant ou ne sachant pas ce qu'elle contient. L'incrédulité qui continue méprise la bénédiction elle-même, la bénédiction en général, c'est-à-dire la parole.

L'incrédulité qui touche le fond de l'abîme méprise le Dieu au nom duquel la bénédiction descend. L'incrédulité qui est au fond de l'abîme n'est plus qu'un vaste mépris qui s'étend sur Dieu, sur la création et sur celui-là même qui méprise.

Mais l'incrédulité méprise d'abord les signes et, parmi les signes, ceux qu'elle regarde comme les moins importants. Car elle choisit toujours. Un des caractères de l'incrédulité, c'est de choisir. Elle est essentiellement choisissante.

Quel mot profond que ce mot d'hérésie ! Hérésie veut dire : choix. Et comme ce mot de choix, devenu le type du nom de l'erreur, indique simplement et ingénieusement la divinité de la doctrine, qui ne permet pas le choix, parce qu'elle vient de Dieu ! Quelle singulière et merveilleuse preuve de divinité ! La vérité est si assurée d'elle-même, qu'elle donne à l'erreur le nom de choix ! Du moment qu'on choisit en elle on se trompe, et elle est si divinement convaincue de son intégrité, que choix et erreur sont synonymes devant ses yeux infaillibles.

Le langage chrétien est plein de ces magnificences oubliées ! Quoi de plus beau que ce mot : « acte de contrition ? » Acte de contrition veut dire : acte de brisement. Dans le langage humain, le brisement est une défaillance ; mais dans le langage divin le brisement est un acte.

Le choix que fait l'erreur a une tendance à éliminer de plus en plus la vérité. La logique de l'erreur n'est pas toujours la logique du raisonnement. C'est souvent la logique de l'âme, la logique de la volonté.

L'incrédulité méprise le signe sensible. Elle méprise l'art religieux, elle méprise les tableaux, les statues, le culte extérieur. Il lui semble qu'elle grandira, si elle écarte la matière, si elle interdit à la matière de servir à l'adoration. Et, en effet, elle grandit. Mais elle ne grandit pas comme adoration, tout au contraire. Elle grandit comme incrédulité : elle nie les sacrements, elle nie la présence réelle eucharistique ; son orgueil se repaît des ruines qu'elle fait dans le Temple. Elle croit s'élever sur ces ruines, s'élever dans le monde purement spirituel. Mais un fait directement contraire se produit. Luther a-t-il, par hasard, laissé l'exemple de la spiritualité pure ? Ayant voulu se passer de la matière, il en est devenu l'esclave.

* *
*

Ces agressions de l'incrédulité contre le signe sensible offert par la Religion ne disent pas du premier coup leur secret. Elles s'attaquent au Principe, à l'Incarnation du Verbe. Mais elles ne se hâtent pas toujours de le proclamer.

L'Eucharistie suit dans les desseins de Dieu l'Incarnation. Bossuet, dans son langage hardi et vigoureux, rapproche avec une intention profonde et énergique la vérité de la *chair prise* et la vérité de la *chair mangée*. Calvin, qui avait attaqué celle-ci, n'avait pas encore attaqué celle-là. Car il y a des défaillances dans la théorie de l'incroyance. Mais sa pratique supplée aux faiblesses de sa logique théorique. Quand un homme s'arrête en route, son successeur continue son œuvre. Calvin avait attaqué la vérité de la chair mangée : Socinius, plus hardi, attaque la vérité de la chair prise. Calvin avait attaqué la société des âmes, l'unité dans l'amour, la communion des saints : Socinius a attaqué la divinité même du Christ en qui s'associent ces âmes, en qui s'aiment les hommes, en qui communient les saints.

La disposition d'esprit qui consiste à nier le signe sensible ne s'arrête pas du tout aux conséquences rigoureusement logiques et philosophiques que chaque négation traîne après elle. Cette disposition, envahissant l'âme, la dispose à des négations subséquentes qui ne sont pas rigoureusement contenues dans les principes posés. Le doute, comme je l'ai dit au début de cet ouvrage, est une passion. Donc il dévore. C'est pourquoi, puisque je fais une histoire vivante de la philosophie, je suis obligé de considérer l'Homme comme il est, sa croyance comme elle est, le doute comme il est. Or jamais le doute ne dit : Assez. Jamais il ne s'arrête aux limites que la réflexion lui avait posées d'abord. Jamais il ne s'arrête, du moins pour longtemps, aux conséquences rigoureuses de ses principes.

Après avoir agi philosophiquement dans la tête, il agit humainement dans le cœur. C'était là qu'il avait pris naissance ; c'est là qu'il revient, après avoir voyagé dans le cerveau. C'est dans le cœur que l'homme dit : Dieu n'est pas.

Aussi l'Église catholique, fidèle dépositaire de la doctrine et du sacrement, veille sur le cœur comme sur l'Esprit.

X

Toute erreur ne découle pas logiquement et nécessairement d'une erreur. Ainsi l'homme pourrait croire à la loi naturelle, à l'ordre naturel, à l'existence de Dieu ; il pourrait y croire naturellement. Il pourrait y croire en dehors de la foi surnaturelle, qui lui affirme tout le dogme révélé. Le monde, après avoir trahi la foi catholique, aurait pu, dans le sens absolu et abstrait, garder la loi naturelle ; mais il ne l'a pas fait, parce que l'homme ne fait pas tout ce qu'il peut, parce qu'il a obéi à la force centrifuge du péché. Il a commencé par attaquer la foi au nom de la raison. Mais l'abîme appelle l'abîme, et, à mille points de vue, l'abîme c'est le cœur.

Le cœur, qui a une autre allure que l'esprit, ne s'est pas contenté des premières négations que celui-ci avait osées ; il a attaqué les vérités de raison, comme il avait attaqué les vérités de foi. Il est résulté de ceci un avantage immense. C'est que la raison et la foi, séparées au XVIIIe siècle par les ennemis de l'Église, qui attaquaient la seconde au nom de la première, se sont trouvées réunies, non seulement par leurs amis, mais par leurs ennemis, réunies non seulement par les feux de la défense, mais par les feux de l'attaque. La force centrifuge du cœur, qui est le péché, entraîne l'homme d'abîmes en abîmes. Le péché est la négation pratique qui entraîne l'homme loin de son centre.

Mais à la force centrifuge du péché l'Église oppose une force centripète, la force de la prière et des sacrements. Cette force immense tend à retenir l'homme dans la sphère active de la vie. Il y a un aimant qui appelle en haut, un aimant qui appelle en bas. La puissance dissolvante du mal rencontre sur sa route la puissance édifiante du bien. Ce mot *édifiant* est un de ces mots dont je parlais tout à l'heure. Il a perdu sa force par l'usage qu'on en fait. Très souvent il s'est rencontré dans certaines occasions indignes de lui. Il a eu à souffrir de plusieurs niaises applications. Mais si vous le détachez des affronts qu'il a subis pour le contempler en lui-même, vous le trouverez presque aussi beau que *l'acte de contrition*. Une action édifiante, c'est une action qui *construit;* c'est une action qui construit : et que construit-elle ?

Elle construit un monument. Et quel est ce monument ? Ce monument, c'est une ville, c'est la cité habitable. Cette cité habitable, c'est la Jérusalem céleste.

Une action édifiante est une pierre posée dans les fondements de la Jérusalem céleste. Il serait bon, il serait utile de restituer aux mots leur grandeur. Car les mots sont liés aux choses par des liens secrets et intimes. Celui qui méprise les mots finit par mépriser les choses. Celui qui méprise les mots représentatifs des vérités finit par mépriser les vérités elles-mêmes.

Ainsi la force centripète et la force centrifuge agissent toutes deux, et la force centrifuge entraîne l'homme au delà des négations acceptées par son intelligence. L'homme, s'il obéissait à la nécessité intrinsèque et logique des principes, pourrait rester homme, même s'il renonce à devenir un saint. Il le fait rarement. En général, cédant non pas à une déduction logique, mais à la pesanteur de sa personne, il roule d'abîmes en abîmes. Le vertige qui l'emporte n'est pas une nécessité logique de son intelligence, c'est une infirmité de sa nature. Le point mathématique ne contient pas l'homme. Cette créature, si multiple, si compliquée, ne se détermine pas uniquement par la pensée; toutes ses facultés concourent à ses actes. La Vérité est en même temps la Vie.

C'est pourquoi la séparation se fait maintenant si grande, si large entre la vérité et les erreurs. L'abîme se creuse entre elles plus profond qu'autrefois.

Les erreurs deviennent l'Erreur; elles forment une synthèse, et la Vérité se présente devant elle compacte et serrée.

Les erreurs, comme des corps décomposés d'avance, tombent en poussière. Ceci est un grand spectacle qui en prépare un plus grand. La carte du monde intellectuel se dessine largement. Ayant nié le fait de l'Église, l'homme a nié le fait de l'Incarnation. Il ne restera bientôt plus que deux camps dans la plaine : la Vérité et la totale Erreur, le Oui et le Non. Ainsi tout malentendu sera dissipé. Les intermédiaires s'effaceront. Il restera deux athlètes visibles et nus : la cité de Dieu et la cité de Satan.

Alors l'Église apparaîtra comme l'arche de Noé. Elle garde la doctrine; elle garde le sacrement, signe sensible qui porte l'Esprit.

Elle est un corps, un corps constitué, visible, reconnaissable, évident, manifeste. Elle a une tête, un corps, un esprit. Tout en elle est divin. Tout en elle est précis. Elle s'adresse à l'homme, à l'homme tout entier, à l'homme corps et âme, parlant à son corps et à son âme. Ses sacrements sont institués par son fondateur. Les pompes de son culte parlent aux sens de l'homme un langage à la fois humain et divin. Elle tient compte de tout; elle ne verse d'aucun côté, elle possède un équilibre divin. Jamais elle ne propose un signe d'où l'Esprit soit absent. Et quand il s'agit de propager l'Esprit, elle est merveilleusement féconde en signes, et ses signes sont merveilleusement féconds en significations profondes.

XI

Ainsi nous avons vu dans le monde ancien deux aspirations, l'une divine, l'autre humaine, qui allaient vers le Verbe incarné. La prière juive et le désir humain le provoquaient tous les deux. Jésus-Christ, alpha et oméga des mondes, était l'Amen de cette immense prière, de cette immense espérance, divinement et précisément sentie par le peuple juif, humainement et vaguement sentie par le souffle des nations. Le vent des nations a passé sur Virgile. Virgile l'a senti. Virgile l'a constaté. Virgile l'a noté. Virgile l'a célébré. Virgile l'a arrêté au passage pour lui demander quelques-unes de ses vibrations et les renvoyer jusqu'à nous. Virgile a condensé dans ses vers cette vapeur qui s'élevait de la terre. Les cieux allaient pleuvoir le Juste. Un frémissement sourd agitait et calmait à la fois le genre humain. La prière était faite. L'Amen allait descendre. Jésus-Christ est l'Amen du monde ancien. Jésus-Christ est la pierre angulaire du monde nouveau.

Nous avons constaté dans le monde moderne deux sources d'erreurs : l'erreur qui cherche le signe tout seul et qui ne fait pas suite au judaïsme, mais qui en est la corruption; l'autre, qui cherche l'idée toute seule et qui méprise le signe : celle-ci fait suite à la philosophie indienne et grecque. Elle en a les malheurs, elle n'en a pas toujours les excuses.

Mais Jésus-Christ est là. Il a dit au prince des Apôtres : « Tu es Pierre, et sur cette pierre je bâtirai mon Église. »

Voilà l'idée et le signe, voilà la plénitude. Jésus-Christ est continué dans l'Église. « L'Église, gardienne de l'Esprit et gardienne du signe, continue Jésus-Christ, puissance et sagesse de Dieu. »

Ainsi, dans le monde moderne comme dans le monde antique, deux océans d'erreurs, qui se séparent devant l'Église comme la mer Rouge devant Moïse.

D'un côté, les erreurs relatives à la poursuite du signe dépourvu et destitué de l'Esprit. De l'autre côté, les erreurs relatives à la poursuite de l'idée destituée et dépourvue du signe sensible.

Ces deux océans se séparent, et entre eux, comme Moïse guidant les Hébreux à travers la mer Rouge ouverte, Jésus-Christ passe, et l'Église le suit.

Il est la tête, elle est le corps. Il conduit, et elle suit. Elle le suit, fidèle Épouse-vierge d'erreur, comme l'Époux.

Gardienne de l'Esprit, dépositaire du signe, elle marche, libre et fière, à travers les erreurs accumulées à sa droite et à sa gauche, et les erreurs ne la touchent pas, et elle marche intacte et pure.

Le peuple juif a passé à pieds secs la mer Rouge à travers les eaux séparées. L'Église marche à pieds secs à travers les flots séparés de l'erreur, et devant elle, à distance, l'océan de l'erreur brise l'orgueil de ses vagues.

Ainsi, d'un bout à l'autre du monde visible et du monde invisible, d'un bout à l'autre de l'histoire, les symboles et les réalités, les choses de l'Esprit et les choses du signe s'appellent et se répondent. Ainsi Dieu a marqué de son double sceau la vérité divine, essentiellement spirituelle et admirablement reconnaissable. Il a veillé sur la spiritualité et sur la visibilité de son Église. Il l'a protégée de siècles en siècles à travers les obscurités de toute espèce, qui ont été condamnées par leur défaite à célébrer sa victoire, et par leurs ténèbres mêmes à signaler sa lumière.

Éclatante et mystérieuse, l'Église marche à travers ses ennemis, toujours servie par eux, malgré eux. Et ils n'auront jamais l'impossible consolation de la voir faiblir ou de la voir exagérer. Elle marche suivant Dieu, et l'homme ne peut jamais ni la diminuer ni l'agiter.

O profondeur ! partout et toujours le même plan, la même lumière, la même organisation ; l'idée et le signe ; l'invisible manifesté par le visible dans la création, Jésus-Christ Dieu-Homme, puissance et sagesse de Dieu.

XII

L'homme est une confirmation, une application de la même vérité. Ame et corps, il rentre dans le système universel qui embrasse tout.

Mais cette union de l'âme et du corps, si simple, si évidente, si profonde et si mystérieuse, est le champ de bataille de la philosophie. S'il est vrai de dire avec Cicéron qu'on ne peut inventer aucune absurdité qui n'ait été avancée par un philosophe quelconque, c'est ici particulièrement que l'assertion est incontestable. Nous sommes en face de la chose du monde la plus connue et la plus inconnue, — et la plus méconnue; — en face de la notion la plus vulgaire et la plus scientifique, la plus souvent rappelée, la plus souvent oubliée.

Écoutons saint Athanase :

Sicut anima rationalis et caro unus est homo, ita Deus et homo unus est Christus, non confusione substantiæ, sed unitate personæ. « De même que l'âme raisonnable et la chair ne font qu'un seul homme, ainsi Dieu et l'homme ne font qu'un seul Christ, non par une confusion substantielle, mais par l'unité de la personne. »

Cette profonde parole contient d'immenses vérités et réfute d'immenses erreurs.

En Jésus-Christ deux natures, la nature divine et la nature humaine; une seule personne, la personne divine. En l'homme, l'âme et le corps, mais une seule personne, la personne humaine.

Voilà la vérité. Maintenant nous allons jeter sur elle un coup d'œil qui va lui dérober quelques-uns de ses secrets, quelques-uns, non pas tous. Et savez-vous qui va nous aider dans cette magnifique investigation? Ce sera l'erreur.

Les efforts de l'erreur pour obscurcir la vérité sur l'homme et la vérité sur Jésus-Christ vont mettre dans un jour merveilleux les vérités combattues par elle.

La doctrine théologique s'exerce ou sur

l'humanité, ou sur la divinité de Jésus-Christ, ou sur le mode de leur union. La doctrine philosophique s'exerce ou sur l'âme de l'homme, ou sur son corps, ou sur le mode de leur union.

L'hérésie théologique nie en Jésus-Christ ou l'humanité, ou la divinité, ou le mode de leur union. Si elle ne nie pas directement ces choses, elle en fausse la notion.

L'erreur philosophique promène sur l'âme et le corps de l'homme et sur la nature de leur union une série d'illusions, qui répondent admirablement aux illusions que l'hérésie théologique promène sur les deux natures et sur la personne unique de Jésus-Christ.

Les uns ont nié l'âme de l'homme, et voilà le matérialisme.

Les autres ont nié le corps de l'homme; voilà l'idéalisme.

Les autres se sont trompés sur le mode de l'union; voilà la doctrine platonique.

Les autres, découragés par la multitude des erreurs, sont tombés dans le scepticisme, et voilà Pyrrhon et ses successeurs.

Ainsi ont fait les philosophes qui ont voulu diviser l'homme.

Tournons-nous maintenant vers les hérétiques qui ont voulu diviser Jésus-Christ. Nous allons découvrir entre leurs erreurs et les erreurs que nous venons d'indiquer une ressemblance frappante, un parallélisme frappant; et les discordances de l'erreur jetteront malgré elles, sur les concordances de la vérité, un jour singulier et merveilleux qui fera resplendir celle-ci de tout l'éclat dont peuvent disposer les ténèbres quand, chargées d'une mission qu'elles abhorrent, elles mettent en évidence le point lumineux qu'elles voudraient éteindre et ensevelir.

A ceux qui ont nié l'âme de l'homme correspondent, dans notre parallélisme, ceux qui ont nié la divinité de Jésus-Christ. C'est l'hérésie des humanitaires, l'hérésie de Cérinthe, de Celse, d'Arius, pour lesquels Jésus-Christ, réellement fils de l'homme, ne fut pas réellement et en vérité Fils de Dieu.

Les sectes ariennes, qui se divisent et se subdivisent de mille manières, ont ceci de commun et de principal, qu'elles ont appuyé sur l'humanité de Jésus-Christ au détriment de sa divinité.

Ainsi la philosophie hétérodoxe des derniers siècles, et même l'incrédulité contemporaine, dans ses manifestations les plus complètes, ne sont pas, à beaucoup près, aussi originales qu'elles croient et qu'elles voudraient l'être. Elles relèvent d'Arius, et le mépris qu'elles témoigneraient peut-être, si elles avaient à s'expliquer sur son compte, vient en partie de ce qu'ayant oublié leur filiation, elles ne reconnaîtraient pas en lui leur père.

* * *

A ceux qui ont nié le corps de l'*homme*, et qui ont affirmé seulement son âme, son âme sans corps, c'est-à-dire aux idéalistes, correspondent ceux qui ont affirmé la divinité de Jésus-Christ et ont nié la réalité de son corps humain, c'est-à-dire les phantasiastes, qui eurent pour chefs Sabellius, Marcion, Manès. Pour eux, Jésus-Christ n'eut qu'un corps idéal, imaginaire. Ce corps, que la vraie doctrine nous montre si parfaitement réel, si parfaitement humain, si complètement sujet à la douleur et ayant souffert si réellement, ce corps n'était, d'après les phantasiastes, d'après Marcion, qu'une certaine apparence, quelque chose qui pouvait bien *peut-être* avoir été formé d'une matière céleste. Ce n'était, d'après eux, qu'une illusion d'humanité, ou, si vous voulez, qu'une humanité illusoire.

Or que nous dit la philosophie moderne hétérodoxe? Que nous dit l'incrédulité contemporaine? Elle nous dit souvent que Jésus-Christ n'était qu'une idée, un mythe, un personnage idéal, une création de notre esprit, une invention spiritualiste.

Selon cette fraction de l'incrédulité moderne, Jésus-Christ n'aurait pas de base historique. Il reposerait en l'air, sans avoir été jamais vu ni touché.

Et certainement Strauss et son école ne se doutent pas que tous ses représentants sont fils des anciens phantasiastes. Il en est ainsi pourtant; mais l'incrédulité aime à ne relever que d'elle-même. Elle renie ses ancêtres, tandis que la Vérité aime, conserve, honore et célèbre les siens. Les docteurs du mythe qui veulent réduire Jésus-

Christ à n'être plus qu'une conception de l'esprit humain continuent, sans le savoir, l'œuvre des phantasiastes, et sont les fils légitimes de Marcion, dont peut-être ils ignorent les œuvres. Cependant, ils descendent de lui.

Les phantasiastes et leurs modernes continuateurs correspondent, dans le domaine théologique, à ceux qui, dans le domaine philosophique, ont nié la réalité du corps.

*
* *

Je présente ces choses dans un seul coup d'œil pour les montrer toutes à la fois. Je résume pour faire resplendir. Il me semble que cette vue synoptique et synthétique de l'erreur et de la vérité, de leur parallélisme et de leurs relations, présentera l'histoire de la philosophie dans un merveilleux abrégé, et la philosophie elle-même dans une lumière simple et éclatante. Il me semble qu'elle va nous apparaître à la lueur du *Credo*. De nombreux ouvrages sont résumés dans ces quelques pages, et le voisinage que ce résumé donne aux choses les plus lointaines en apparence, permet de saisir des relations de la dernière importance, qui sont habituellement dissimulées, parce que les éléments qui les constituent sont éparpillés à travers le temps, à travers l'espace, à travers les siècles, à travers les livres, à travers les bibliothèques. Quelquefois une vie entière de recherches, et mille voyages à travers l'Europe, mille fouilles pratiquées dans les bibliothèques de Paris, de Vienne et de Berlin, peuvent être condensées et résumées dans un tableau synoptique.

Je continue l'exposition de la philosophie comparée.

XIII

Au début de toutes les conceptions, vraies ou fausses, j'entends d'ordinaire une voix qui vibre, et cette voix est un écho, et cet écho est ̣ ̣ des vérités premières, qui sont l'antiq ̣ ̣ patrimoine du genre humain. La Vérité peut être gardée ou être altérée ;

habituellement, parmi les Gentils, elle est altérée ; cependant je la reconnais. A travers mille versions de plus en plus infidèles, elle va à travers le temps et l'espace, ne gardant quelquefois d'elle-même que ce qu'il en faut pour ne pas disparaître absolument ; elle va, altérée, diminuée, presque méconnaissable ; elle revêt des costumes qui ne lui conviennent pas. Elle est habillée selon des modes humaines qui lui répugnent violemment. Elle est couverte de coups, quelquefois de crachats, quelquefois de boue, quelquefois de sang, et cependant l'œil qui l'aime et l'œil qui la hait savent la reconnaître. Car il y a deux yeux perçants : l'œil de la haine et l'œil de l'amour.

Or le genre humain a entendu parler dans sa jeunesse de la chute des Anges. Le peuple hébreu seul en a entendu parler comme il fallait. Les nations ont entendu des bruits vagues qui venaient de ce côté-là et des paroles, plus semblables à des balbutiements qu'à des discours, qui partaient de ces régions, et qui venaient mourir sur les plages humaines comme des phrases qui ne finissent pas, qui ont des mots de trop, des mots de trop peu, incomplètes, tronquées ou augmentées, mal commentées, et enfin inintelligibles.

Pythagore était né. Ce grand personnage fait pour être un écho, car il recueillait avec avidité les bruits, et un écho infidèle, car le système et l'erreur avaient leur demeure en lui, ce grand personnage ne se serait-il pas emparé de la chute des Anges, et ne l'aurait-il pas défigurée au point de bâtir sur elle le monument de sa métempsycose ?

Pythagore imagina que les âmes sont tout simplement des esprits, autrefois déchus, déchus dans un monde qui a précédé le nôtre, et qui, en punition de leurs fautes, sont actuellement renfermées dans des corps.

Voici donc une négation absolue de l'union de l'âme et du corps telle qu'elle existe rarement ; car si le corps est la prison de l'âme, prison faite après coup, ce corps n'est nullement uni à l'âme. Leur juxtaposition est un accident malheureux qui a le caractère d'un châtiment, et qui passera pour ne plus revenir. Mais cette conception de la race humaine n'est-elle pas venue de quelque discours mal entendu par lui et relatif à la chute des Anges ?

Il me semble que Pythagore, ayant entendu parler d'Anges déchus, et ne voyant autour de lui que les hommes en fait de créatures raisonnables, et constatant d'ailleurs la déchéance de ces mêmes hommes, s'est peut-être dit : Voilà les Anges tombés.

Cette erreur, à la fois grecque et orientale, troubla la tête du genre humain. Elle la troubla d'autant plus profondément que, mêlant les deux chutes dans une fusion étrange qui les altérait toutes deux, elle parlait du péché de l'homme, elle parlait du péché de l'ange, mais elle en parlait si mal, qu'au lieu de signaler le désordre elle l'augmentait, et ajoutait une confusion nouvelle à toutes les confusions dont elle portait au fond d'elle le souvenir mille fois altéré. Et parmi tous ces mensonges, elle contenait ce mensonge énorme, de diviser l'homme radicalement. Elle faisait de l'âme un être parfaitement séparé du corps, si parfaitement séparé même, qu'il fallait crime et malheur pour rapprocher un instant et contre leur gré ces deux ennemis irréconciliables, dont l'un était la torture de l'autre.

* * *

La métempsycose est une des formes les plus complètes qu'ait prises cette philosophie fausse. Il est difficile de séparer plus radicalement l'âme et le corps de l'homme que ne les a séparés Pythagore. Quoi de plus séparé, en effet, que le prisonnier et la prison ? Le prisonnier est dans la prison, mais il est infiniment loin d'être uni à elle ; il lui est essentiellement opposé, hostile, étranger. Il l'exècre, et sa vie serait de la détruire. Loin de former avec lui une personne, sa prison est l'ennemie mortelle de la personne qu'il est.

Après Pythagore, j'écoute Platon.

Pour Platon, l'âme est accidentellement dans le corps ; si elle est unie à lui, c'est de la même façon que le moteur est uni au mobile, de la même façon que le batelier est uni au bateau.

Or le batelier n'est pas uni au bateau ; il se trouve par moments dans le bateau, et par moments ailleurs ; le batelier n'est à aucun degré et dans aucune mesure l'âme du bateau ; le bateau n'est que sa propriété, son véhicule, sa demeure accidentelle et momentanée. Avec Pythagore, nous avions un corps et une âme violemment hostiles l'un à l'autre. Avec Platon, nous avons un corps et une âme moins ennemis, mais tout aussi étrangers, tout aussi indépendants.

Le batelier et le bateau sont deux êtres parfaitement complets l'un sans l'autre ; le bateau peut changer de batelier. Chacun de ces êtres-là a son individualité propre et son opération propre.

L'homme véritablement un, composé d'une âme et d'un corps réellement et vraiment unis, voilà la base de toute philosophie vraie, et nous reviendrons plus tard sur le mystère de cette union.

L'homme véritablement deux, composé d'une âme et d'un corps non pas unis, mais juxtaposés, voilà le fondement de toute philosophie fausse.

L'abîme appelle l'abîme ; l'erreur a pour l'erreur un attrait singulier. Toute déviation de l'esprit humain incline ce même esprit humain à une autre déviation.

Une des intentions de cet ouvrage est de mettre entre les mains du lecteur le fil qui conduit à travers les détours de l'erreur.

Platon, nous le voyons, n'a pas connu l'homme. Platon n'a pas connu Dieu. Son génie, qui entrevoyait tant de choses, n'était pas un génie préservateur.

Mais de quelle façon s'est-il égaré en face de Dieu, et de quelle façon s'est-il égaré en face de l'homme ?

Il y a ici une corrélation et en même temps une contradiction des plus instructives. Il n'a pas admis Dieu sans lui conjoindre une matière éternelle comme lui. Pour Platon, la création n'existe pas, la matière est éternelle. Pour Platon, Dieu n'est ni indépendant ni créateur de ce chaos mal défini.

Et ce même Platon, qui associe la matière à Dieu dans une union éternelle, ne sait pas unir l'âme humaine au corps humain.

Il donne à la matière le rôle qu'elle n'a pas, et il lui refuse le rôle qu'elle a.

※
※ ※

Il arriva à Platon ce qui arriva à Alexandre. Son empire fut partagé après sa mort.

Comment ! se dit Xénophon, comment ! l'homme serait formé de deux étrangers si parfaitement étrangers ? Et l'un de ces deux êtres pourrait dire à l'autre : Qu'y a-t-il de commun entre toi et moi ? Pourquoi ce corps, qui n'est qu'une superfétation accidentelle ? Et pourquoi accepter cette hypothèse ? Et même a-t-elle le sens commun ? Les mouvements de l'âme se traduisent dans le corps volontairement ou involontairement, et il n'y a pas de traduction si exacte que celle-là. Les impressions reçues par le corps se répercutent dans l'âme, et il n'y a pas d'écho si fidèle que celui-là. Les pensées du batelier n'agissent pas ainsi sur le bateau, ni les coups reçus par le bateau ne sont pas ainsi sentis par le batelier.

Je ne traduis pas, j'analyse ; c'est à peu près ainsi que raisonne l'académie platonicienne.

Comment donc, continue-t-elle, concevoir une harmonie si fidèle, si constante, si exacte entre deux étrangers, entre un batelier et un bateau ? Ce serait là un fait incompréhensible, et, pour l'académie, le mot incompréhensible était à peu près synonyme du mot inadmissible.

Je dirai plus tard la différence qui existe entre l'incompréhensible et l'inintelligible. Mais je continue à analyser les pensées de l'académie platonicienne.

Quelle serait donc, s'écrie Xénophon, la conséquence la plus raisonnable des doctrines de notre maître? Ne serait-ce pas celle-ci : L'homme n'est en réalité qu'âme? C'est par l'âme qu'il fait tout, même ce qu'il paraît faire par le corps. Le corps n'est pour elle qu'un appendice. Ce mot est celui par lequel Cicéron caractérisait le corps entendu par les platoniciens.

Aiebant platonici appendicem animi esse corpus (Cicéron). « Les platoniciens disaient que le corps est l'appendice de l'âme. »

Or qu'est-ce qu'un appendice ? Ne serait-ce pas un fantôme, un jeu de l'imagination ? Le corps incompréhensible, ajoute l'académie platonicienne, ce corps absurde ne serait-il pas un simple phénomène, une simple illusion ?

Et voilà l'idéalisme grec fondé sur la doctrine du phénomène, que nous retrouverons plus tard dans une autre philosophie.

L'idéalisme flatte l'orgueil humain, qui rejette volontiers loin de lui la matière, du moins en théorie. Mais, dans l'empire de l'erreur, il n'y a qu'inconstance et infidélité.

∗
∗

A peine Xénophon avait-il parlé, et voici Épicure qui lui répond.

Comment! dit celui-ci, vous avez à choisir entre le corps et l'âme, et c'est l'âme que vous choisissez? Misérables rêveurs! la réalité n'est que dans la sensation. L'homme est corps, et voilà tout. Comment! vous osez douter de la matière que vous êtes? Vous vous perdez dans vos raisonnements qui sont vos illusions, et vous osez appeler de ce nom, qui ne convient qu'à l'esprit, ces réalités mille fois évidentes, évidentes sans raisonnement, que je vois, que je sens, que je touche et que j'affirme en les touchant!

Épicure, comme Xénophon, refuse d'admettre l'âme et le corps, parce qu'il ignore la nature de leur union.

Tous deux veulent choisir. Xénophon choisit l'âme, Épicure choisit le corps.

Et regardons encore ici la génération des erreurs.

Platon, lui, n'avait nié positivement ni l'âme ni le corps. Seulement il avait nié leur union et affirmé seulement leur juxtaposition. Son intention n'était donc d'arriver ni à l'idéalisme absolu, ni au matérialisme absolu.

Il a cru à l'âme et il a cru au corps : seulement, pour avoir ignoré le mode de leur union, il a ouvert la porte à deux erreurs, étrangères à lui et contradictoires entre elles, dont il n'a pas été le promoteur, mais dont il est devenu l'occasion.

Il est arrivé, en effet, à ses disciples ce qui arriva aux généraux ennemis après la mort du grand conquérant qui leur avait imposé sa volonté pendant sa vie; et la comparaison que j'ai faite de Platon et d'Alexandre me semble exacte et vivante.

Suivons le parallélisme.

⁂

Nous avons dit que les erreurs philosophiques relatives à l'âme et au corps de l'homme répondent aux hérésies théologiques relatives à la divinité et à l'humanité de Jésus-Christ.

Nous avons dit que les sectes ariennes, qui ont affirmé la réalité historique de Jésus-Christ, mais qui ont nié sa divinité, correspondent aux sectes philosophiques qui ont affirmé le corps de l'homme et nié son âme. Nous avons dit que les sectes phantasiastes, qui ont affirmé la divinité de Jésus-Christ et nié sa réalité humaine, correspondent aux sectes philosophiques qui ont affirmé l'âme de l'homme et nié son corps.

A qui correspondra Pythagore? A qui correspondra Platon? A qui correspondra l'erreur philosophique de ceux qui voient dans l'homme une âme et un corps étrangers l'un à l'autre, c'est-à-dire deux personnes au lieu d'une, deux personnes séparées, qu'une circonstance fortuite et malheureuse a réunies accidentellement?

Cette erreur philosophique correspondra à l'erreur théologique qui voit en Jésus-Christ deux personnes, une personne divine et une personne humaine. Pythagore et Platon correspondront à Nestorius.

En Jésus-Christ, deux natures et une seule personne. En l'homme, deux substances et une seule personne.

Le corps humain existe; l'âme humaine existe; mais l'homme n'a qu'une seule subsistance.

Le corps humain existe; mais il n'a pas de subsistance propre, indépendante de l'âme. L'âme existe et subsiste. Sans l'âme le corps se dissout, n'ayant pas de subsistance à lui. Sans le corps l'âme demeure, ayant sa subsistance; mais l'homme, âme et corps, n'a qu'une seule subsistance.

Le monothélisme a refusé à Jésus-Christ la volonté divine. Il a voulu le réduire à la volonté humaine toute seule. Par là il lui refusait la personnalité divine.

Que l'erreur est compliquée, inconsistante, fuyante, et que la vérité est simple! Cette complication de l'erreur, aperçue et sentie des philosophes eux-mêmes, produit chez ceux qui l'aperçoivent et la sentent, sans pour cela revenir à la vérité simple, une complication nouvelle, plus totale que toutes les autres.

Pythagore propose à l'énigme humaine une solution absurde contre laquelle l'homme proteste. Si j'avais été autrefois un pur esprit, et si mon corps était le châtiment de ma prévarication antérieure, commise dans un monde disparu, je m'en souviendrais, répond l'homme. Je me souviendrais de ce monde passé, je me souviendrais de mon crime. Si quelque pur esprit a péché ailleurs, ce n'est pas moi.

L'académie platonicienne propose à l'énigme humaine une autre solution absurde. Pour se débarrasser du problème, elle supprime le corps. L'homme n'accepte pas. Il répond : J'ai un corps, je le sens, j'en suis certain. Vos raisonnements ne prouvent rien contre l'évidence. J'ai un corps.

Épicure propose à l'énigme humaine une autre solution absurde. Il supprime l'âme. L'homme n'accepte pas. Il répond : J'ai une âme, je le sens. Vos paroles ne la détruiront pas. Elles peuvent m'embarrasser, elles ne peuvent pas me convaincre.

* * *

Alors Pyrrhon s'avance et dit :

« Je contemple le champ de bataille : il est jonché de cadavres. Que de philosophes couchés par terre ! Comment ! après tant de travaux, tant de discussions, tant de paroles, vous arrivez à la contradiction universelle, et vos disciples perdent la tête au milieu du charivari ? Vous parlez de Dieu et de l'homme depuis que vous êtes au monde, et vous ne vous entendez ni sur Dieu ni même sur l'homme. Comment ! après tant de vies humaines, les plus illustres, consumées dans la recherche de la vérité, les philosophes n'ont pu se mettre d'accord sur aucun sujet ? Ils passent leur vie dans de vaines disputes, et l'humanité, qui les regarde de loin, ne partage pas plus les sentiments de Platon que Platon ne partage les sentiments de Pythagore. Elle forme une école à part, également distante de toutes les écoles, et je ne m'en étonne pas. Puisque les philosophes n'ont pu se convaincre entre eux, comment auraient-ils pu convaincre le genre humain ? »

Voici l'unique vérité. Personne ne sait rien. Il n'y a rien à savoir. Tel est le langage de Pyrrhon.

Ainsi la philosophie égarée finit, non pas en vertu d'une nécessité rigoureuse et logique (car elle pourrait logiquement conserver certaines vérités élémentaires, comme, par exemple, l'existence de Dieu), mais en vertu de la faiblesse humaine qui ajoute les erreurs du cœur aux erreurs de la pensée, la philosophie égarée finit par le scepticisme, et termine par un suicide son œuvre de destruction.

Cicéron, qui pourtant n'était pas un pyrrhonien fidèle et décidé, Cicéron, plus platonicien que sceptique, a ainsi formulé son immense découragement :

In tanta obscuritate naturæ, dissentionibus tantis summorum virorum, qui de rebus contrariis tantopere disputant, assentior ei sententiæ : Nihil percipi posse.

« Dans l'obscurité immense de la nature, au milieu des dissentiments immenses des grands hommes qui se disputent, se contredisent, je me range à cet avis : Il est impossible de rien savoir. »

Ainsi parlait l'admirateur et l'héritier de l'erreur grecque. Voilà son discours. Au scepticisme philosophique correspond l'indifférence religieuse.

Le parallélisme se poursuit. Le scepticisme philosophique, qui garde encore des apparences scientifiques, est néanmoins la négation totale de la philosophie.

L'indifférence religieuse, qui ne se donne pas toujours la peine de discuter, est la négation totale de la religion ; ce que l'un dit dans la langue philosophique, l'autre le dit dans la langue religieuse.

Ainsi, partout et toujours, nous entendons les deux voix s'appeler et se répondre.

Et la vérité éternelle, toujours constante et immuable, suit sa marche à travers le temps et l'espace; et les cris discordants qui voudraient couvrir sa voix font ressortir et triompher par leur discordance même l'harmonie de sa parole.

XIV

Il y a des préjugés. Cette première vérité est prodigieusement simple; mais, pour être simple, elle n'en est pas moins féconde, tout au contraire.

Il y a donc des préjugés.

Qu'est-ce qu'un préjugé? C'est un parti pris, généralement défavorable. Il est rare que le préjugé soit bienveillant. Il est enclin par nature à l'hostilité. De loin, l'homme se fait une certaine idée d'une certaine chose. Et plus cette idée est vague, incomprise, mal assujettie, mal justifiée, mal étudiée, plus elle est tenace.

Prenez deux hommes. L'un aura sérieusement étudié une question, et se sera sérieusement décidé pour un sentiment contraire au vôtre. L'autre n'aura pas étudié, mais de loin, légèrement, par caprice, par habitude, par la vague et insaisissable influence du milieu environnant, se sera décidé, par préjugé, contre votre sentiment.

Tous deux vous sont contraires : le premier par conviction, le second par préjugé.

Lequel des deux pensez-vous le plus profondément hostile à vous-même? Laquelle des deux contradictions vous paraît la plus difficile à vaincre?

De prime abord vous me répondrez peut-être : La première.

Celui qui a étudié, celui qui sait sinon toute la chose, du moins quelque partie de la chose; celui qui a formé sa conviction bien ou mal, mais qui l'a formée avec attention, avec travail, avec réflexion, celui-là sera sans doute plus difficile à convertir que l'homme léger, qui a adopté sans examen le préjugé de ceux qui l'entourent. Vraie au premier coup d'œil et en apparence, cette opinion est fausse dans la réalité.

L'homme qui a réfléchi consentira à réfléchir encore. La même attention qui l'a incliné d'un côté pourra, mieux dirigée, l'incliner de l'autre. Il sait du moins un peu, il cherche à savoir, il désire la vérité. Il travaille, il écoute, il regarde. Ne vous étonnez pas s'il finit par voir et par comprendre.

Au contraire, l'homme qui agit par préjugé, et qui s'est décidé sans aucune raison de se décider, sans aucune raison même apparente, uniquement parce que la décision qu'il a prise flattait peut-être en lui l'orgueil de dire *non,* orgueil si cher à l'homme, si fréquent, si décisif; celui-là aura toutes les peines du monde à revenir sur un parti pris dont la légèreté même augmentera la ténacité.

Plus il a refusé d'attention à la question proposée, plus il lui en refusera à l'avenir. Plus sa décision aura été prise à la légère, plus elle lui paraîtra définitive. Cette légèreté même la rendra presque sacrée à ses yeux. Car cette légèreté sera sa marque; et quand un homme a mis sa marque quelque part, il a toutes les peines du monde à la retirer. L'homme qui repousse par préjugé repousse donc plus durement que celui qui repousse par conviction.

Tout ceci est un exorde insinuant qui a

pour but de préparer le lecteur à un coup de massue.

C'est-à-dire de préparer le lecteur à ce qu'il regardera, — s'il a des *préjugés,* — comme un coup de massue.

XV

La théorie de saint Thomas, la théorie des *formes substantielles,* passe près d'un très grand nombre d'esprits, et d'esprits très distingués, pour surannée. Elle est remplacée, dit-on. Elle est trop vieille pour servir. Elle était adoptée à une époque où les sciences naturelles n'existaient pas encore. Elle n'est plus de mise après la naissance, après le progrès, après la jeunesse, après la maturité des sciences qui n'étaient pas nées de son temps, qui sont grandes maintenant et qu'elle prétend dominer, sans avoir présidé ni à leur développement ni même à leur naissance. Comment saint Thomas, qui ne savait pas ce que nous savons, pourrait-il nous expliquer à nous-mêmes des sciences qui sont notre œuvre et dont il n'avait pas la connaissance? Comment notre siècle irait-il chercher dans les siècles passés la formule, la sanction, la loi des sciences dont il s'honore d'avoir vu la première lueur?

Voilà l'objection. Je n'en ai pas dissimulé la force.

La réponse néanmoins me semble facile et péremptoire.

Personne ne songe à nier les découvertes dont le XIXᵉ siècle s'enorgueillit dans le domaine des sciences physiques. Elles sont grandes, elles sont belles, elles sont nombreuses. La vapeur, le télégraphe électrique, la photographie, sont des magnificences plus magnifiques peut-être que lui-même ne le soupçonne. Loin de les diminuer, je prétendrais plutôt les augmenter à ses yeux. Peut-être ne les apprécie-t-il pas assez, au lieu de les apprécier trop. Habitué à courir, marchant lui-même comme les chemins de fer qu'il a inventés, sans prendre le temps de la réflexion; voyageant comme les machines, avec des rapidités singulières et des précipitations inouïes; inventant, comme il fait tout, à la vapeur, et marchant d'une invention à l'autre sans avoir pris le temps de mesurer, de creuser, de sonder l'invention précédente; se hâtant en vue du gain, il n'a peut-être pas vu toutes les conséquences de ses propres inventions.

La photographie, par exemple, qu'il a découverte, qu'il pratique, qu'il perfectionne, et que probablement il perfectionnera; la photographie, qu'il exploite, il n'a pas pris le temps de réfléchir à elle. Il l'exploite, il ne la consulte pas. Elle aurait mille secrets à lui dire.

Elle aurait à lui apprendre le rayonnement universel des corps.

Un corps est placé devant une plaque photographique : l'image se reproduit. Les substances chimiques qu'il faut sont employées. Elles fixent l'image. Le portrait est terminé.

Un corps est placé devant un autre corps, cet autre corps n'est pas une plaque photographique. Aucun appareil n'est là pour fixer l'image, pour la montrer, pour la faire éclore et pour la retenir. Il n'y a pas de portrait.

Mais, dans le premier cas, la plaque étant présentée et les conditions remplies, pourquoi l'image est-elle venue se graver docilement sur la plaque? C'est parce que le corps a envoyé là son rayonnement. Si le corps n'avait pas projeté sur elle son rayonnement, c'est en vain que la plaque fût restée là, attendant l'image. L'image ne serait pas venue. L'image n'est venue que parce que le corps a laissé sur elle son rayonnement.

La découverte moderne est magnifique, parce qu'elle a mis en lumière une loi : le rayonnement des corps. La plaque photographique, avec les substances chimiques dont elle est pourvue, a constaté cette loi. Mais elle ne l'a pas créée, elle l'a découverte. Elle ne l'a pas faite, elle ne l'a pas tirée du néant: elle l'a promulguée.

Si le rayonnement des corps a lieu devant une plaque photographique, il est évident qu'il a lieu partout. S'il a lieu partout, nous sommes en présence d'un fait immense, universel, contemporain de la création du monde.

> * * *

L'influence de tout sur tout!... Si les corps rayonnent, ce rayonnement n'est que le symbole du rayonnement des âmes. Si les corps influent sur les corps, cette influence n'est que le symbole de l'influence de l'âme sur les âmes. L'influence de chaque homme sur tous les hommes nous est présentée sous une image admirable. Chaque acte bon ou mauvais, commis par une volonté libre, agit sur l'humanité tout entière, modifiant en bien ou en mal la situation physique et morale du monde. Ce qui se fait aujourd'hui à Paris, ce que vous faites, ce que je fais, cela n'est indifférent ni pour les Indiens, ni pour les Chinois, ni pour les Africains; car cela entre dans le patrimoine du genre humain. Cela y entre comme élément de vie ou comme élément de mort. Mais certainement, dans ces deux cas, cela y entre. Cela augmente ou diminue la somme de bien ou de mal que la terre contient. Cela augmente le contingent de ses mérites ou de ses démérites, et cela n'est indifférent à aucun de ses habitants.

Sans doute, cela leur est indifférent quant à la connaissance actuelle et quant au sentiment actuel, à cause de leur ignorance et de leur insensibilité. Mais cela n'est indifférent à aucun d'eux substantiellement et en vérité, à cause de la solidarité des êtres. Ils ignorent en quoi leur importe votre acte; mais votre acte leur importe, quoiqu'ils l'ignorent.

Les corps sont impénétrables les uns aux autres. Mais ils agissent énormément les uns sur les autres, et le secret de cette action est découvert par le rayonnement.

Ce rayonnement ne nous permet plus d'ignorer la réalité des influences qu'ils envoient et qu'ils subissent. Il y a des photographies dans l'air, fixées ou non par des plaques. L'absence de plaque n'enlève rien à la réalité de l'image invisible, qui devient visible et qui se fixe si les conditions chimiques sont remplies, qui reste invisible et qui ne se fixe pas si les conditions chimiques ne sont pas remplies, mais qui, dans ces deux cas, est également réelle.

universel, contemporain de la création du monde.

⁎ ⁎ ⁎

L'influence de tout sur tout!... Si les corps rayonnent, ce rayonnement n'est que le symbole du rayonnement des âmes. Si les corps influent sur les corps, cette influence n'est que le symbole de l'influence de l'âme sur les âmes. L'influence de chaque homme sur tous les hommes nous est présentée sous une image admirable. Chaque acte bon ou mauvais, commis par une volonté libre, agit sur l'humanité tout entière, modifiant en bien ou en mal la situation physique et morale du monde. Ce qui se fait aujourd'hui à Paris, ce que vous faites, ce que je fais, cela n'est indifférent ni pour les Indiens, ni pour les Chinois, ni pour les Africains; car cela entre dans le patrimoine du genre humain. Cela y entre comme élément de vie ou comme élément de mort. Mais certainement, dans ces deux cas, cela y entre. Cela augmente ou diminue la somme de bien ou de mal que la terre contient. Cela augmente le contingent de ses mérites ou de ses démérites, et cela n'est indifférent à aucun de ses habitants.

Sans doute, cela leur est indifférent quant à la connaissance actuelle et quant au sentiment actuel, à cause de leur ignorance et de leur insensibilité. Mais cela n'est indifférent à aucun d'eux substantiellement et en vérité, à cause de la solidarité des êtres. Ils ignorent en quoi leur importe votre acte; mais votre acte leur importe, quoiqu'ils l'ignorent.

Les corps sont impénétrables les uns aux autres. Mais ils agissent énormément les uns sur les autres, et le secret de cette action est découvert par le rayonnement.

Ce rayonnement ne nous permet plus d'ignorer la réalité des influences qu'ils envoient et qu'ils subissent. Il y a des photographies dans l'air, fixées ou non par des plaques. L'absence de plaque n'enlève rien à la réalité de l'image invisible, qui devient visible et qui se fixe si les conditions chimiques sont remplies, qui reste invisible et qui ne se fixe pas si les conditions chimiques ne sont pas remplies, mais qui, dans ces deux cas, est également réelle.

Et il en est de la beauté et de la laideur morales comme de la beauté et de la laideur physiques. Toutes deux rayonnent partout. Le monde des corps est l'image du monde des âmes. Le monde de la nature est l'image du monde de la grâce. Et le monde de la grâce est le symbole du monde de la gloire, qui en est la consommation et la manifestation suprême.

XVI

En analysant ainsi ces choses et en rendant pleine justice aux découvertes modernes, j'ai plusieurs intentions. Je dis cela, d'abord parce que c'est la vérité, ensuite parce que je veux montrer comment ces découvertes, loin d'infirmer la théorie de saint Thomas, la confirment admirablement.

Expliquer les faits connus, c'est déjà un mérite singulier et un titre à la reconnaissance que personne ne dédaignerait.

Mais donner une notion générale des corps

et des créatures animées qui explique les faits constatés et les faits encore inconstatés, donner d'avance une loi générale qui domine les faits déjà découverts et les faits encore à découvrir, donner une loi assez vaste pour embrasser et ce que l'on sait et ce qu'on ignore, devancer les analyses de la science par la synthèse de la méditation, — c'est très certainement là une gloire singulière : et elle appartient à saint Thomas.

Et cependant cette gloire est méconnue, inconnue ou oubliée, niée.

Pourquoi donc?

Parce que saint Thomas a contre lui cette force étrange et presque invincible dont je parlais tout à l'heure. Saint Thomas a contre lui un préjugé.

Ce préjugé a plusieurs causes :

D'abord on ne le lit pas ;

Ensuite il ne s'appelle pas Thomas, il s'appelle saint Thomas.

Son langage, son style, la précipitation des hommes, le temps qui manque, la patience qui fait défaut, tout concourt à le soustraire aux lecteurs du XIXe siècle.

Cependant, s'il était hétérodoxe, tout serait changé. Si saint Thomas était Thomas l'incroyant, on lui pardonnerait bien des duretés de langue en faveur de son incroyance. Si l'incroyance espérait trouver des armes dans son arsenal, elle irait y puiser bravement, au risque même de rencontrer sous sa délicate main des objets un peu durs au toucher.

Mais il est catholique, et catholique par excellence. Il est même saint. Il est *un Saint*.

*
* *

Combien d'hommes aujourd'hui trouvent dans leurs pensées intimes une répugnance entre ces deux mots : un savant et un saint ! Innombrables sont ceux qui, le sachant ou ne le sachant pas, par erreur de raison ou par erreur de sentiment, par prévention ou par système, par instinct ou par calcul, associent d'une façon vague ou précise l'idée d'ignorance et l'idée de sainteté. Le jour où ces deux idées n'auront plus rien de commun l'une avec l'autre dans aucun esprit, le XVIII° siècle sera terminé. Mais la singulière et terrible parole de de Maistre est encore vraie : « Le XVIII° siècle dure toujours. »

Matériellement, le XIX° avance, il avance beaucoup, il tire à sa fin.

Mais, spirituellement, le XVIII° dure encore. J'entends par le XVIII° le préjugé de l'ignorance contre le christianisme.

Le XVIII° a cru établir entre l'ordre naturel et l'ordre surnaturel une scission définitive. Il a cru renverser l'ordre surnaturel au moyen de ce qu'il croyait être l'ordre naturel. Il a cru dresser la science contre le christianisme, et renverser celui-ci au moyen de celle-là. Il a voulu lever l'étendard de la science contre la croix, heurter ces deux drapeaux l'un contre l'autre, briser le second contre le premier et insulter la croix vaincue. Car il ne lui souhaitait pas seulement la défaite, il lui souhaitait le déshonneur. Il ne voulait pas pour elle une fin honorable, il voulait une fin honteuse.

Et comme l'ignorance est une des choses qui produisent parmi les hommes le plus rapidement la honte, il voulait coller la religion chrétienne et l'ignorance l'une contre l'autre dans l'esprit des hommes de telle façon qu'elles ne pussent plus se décoller.

Il a compté sur cette colle qui lie le préjugé à l'esprit humain d'une façon si adhérente.

Et comme le mensonge produit toujours le mensonge, comme le mal attribue volontiers à celui qu'il veut tuer le crime dont lui-même se rend coupable dans l'attaque, le XVIIIe siècle, qui était le siècle du préjugé, le préjugé par excellence, a voulu donner au christianisme l'apparence d'un préjugé. Le XVIIIe siècle, qui était l'organisation scientifique du préjugé, a voulu donner son nom à celui qu'il haïssait.

Car, ne l'oublions point, dans l'ordre religieux, l'intelligence n'agit jamais seule : elle est, elle vit, elle marche sous l'inspiration de l'âme. Le XVIIIe, s'il avait ce préjugé dans l'intelligence, avait la haine dans l'âme. Le préjugé n'était que la dent avec laquelle il voulait dévorer son ennemi; le préjugé était la dent du meurtre : mais le meurtre lui-même, c'était la haine.

***

Or, parmi tous les noms chrétiens que le préjugé aimerait à jeter déshonorés sur la grande route du genre humain, afin de les livrer aux insultes des passants, un des plus grands, c'est saint Thomas.

Et comme il est un des plus grands devant l'amour, il est aussi un des plus grands devant la haine. Car la haine, pour savoir où elle doit frapper, regarde où frappe l'amour. Pour juger de la dimension qu'elle doit prendre vis-à-vis de tel ou tel homme, elle prend mesure sur l'amour dont cet homme est l'objet dans le monde de la lumière.

XVII

Le XIXe siècle doit retourner directement la question. Il doit édifier ce que le XVIIIe siècle a voulu détruire. Il doit se souvenir que

Dieu est le Dieu des sciences. Dieu lui-même a pris ce nom dans l'Écriture, dans la très sainte Écriture. Or, dans la très sainte Écriture, les noms de Dieu sont choses très saintes. Personne ne devrait nommer Dieu légèrement : l'Écriture ne prononce son nom que sur un ton solennel. Puisque Dieu a voulu être appelé le Dieu des sciences, c'est que ce nom ne lui est pas indifférent : ce nom importe à sa gloire. Ce nom est de ceux dont il daigne être fier.

S'il l'a revendiqué, nous devons donc tous, tant que nous sommes, le revendiquer pour lui. Nous ne devons jamais oublier que l'ordre naturel, loin d'être contraire à l'ordre surnaturel, est l'œuvre du même Dieu. Le mépris de la science doit être regardé par nous non comme une perfection, mais comme une erreur. Il faut aimer la science, la respecter, la revendiquer pour nous. Il ne faut jamais, par aucune expression, par aucune légèreté de parole ou de plume, par aucune tendance erronée ; il ne faut jamais autoriser les ennemis du christianisme à associer dans leur esprit et dans leurs discours ces deux idées l'une à l'autre : — Religion, — mépris de l'ordre naturel.

La vérité naturelle a ses droits.

Cela posé, il est très important pour les apôtres de la Religion d'adopter au sujet des créatures une philosophie qu'aucun fait ne puisse démentir, d'écarter les préjugés et de concevoir des œuvres de Dieu une notion qui corresponde à la réalité.

Or quels sont les principes constitutifs des êtres ?

Les principes constitutifs des êtres sont : la *puissance* et l'*acte*.

Entendons-nous sur ce mot : puissance. Il ne signifie pas, bien entendu, le pouvoir, et ne s'oppose pas à l'idée d'impuissance.

La puissance signifie la possibilité, l'aptitude à quelque chose; et ce quelque chose, quand il s'agit des principes premiers, c'est l'Être. Donc la *puissance* signifie l'aptitude à être.

Ce qui est en puissance n'est pas encore, mais possède la capacité d'être, l'aptitude à être. Il manque l'acte.

Quand la créature passe de la puissance à l'acte, elle passe de la possibilité à l'être. Elle sort du domaine des choses seulement possibles, pour entrer dans le domaine des choses à la fois possibles et réelles.

Tout ce qui est est possible.

Mais la réciproque n'est pas vraie. On ne peut dire : Tout ce qui est possible est réellement.

Cette dernière parole serait même radicalement fausse, et voici pourquoi :

Si tout ce qui est en puissance était en acte, il en résulterait que l'homme, puisqu'il est capable de raisonnement, raisonne toujours : ce qui est faux. Il en résulterait que la vipère n'est venimeuse que dans le moment où elle mord : ce qui est faux. L'homme endormi est parfaitement raisonnable. Seulement son raisonnement existe en puissance pendant son sommeil ; il passera à l'acte quand l'homme réveillé se livrera au travail intellectuel dont il est capable. Il en est capable par sa nature, et ses facultés existent en lui, même quand il ne les exerce pas. Elles arrivent à l'acte dès que l'homme se livre à l'exercice actuel d'elles-mêmes. La vipère est venimeuse en puissance, même dans le sommeil ou dans la solitude, dans les moments enfin où elle est parfaitement inoffensive, parce qu'elle n'a pas l'occasion d'offenser. Son venin passe à l'acte quand elle pique, quand elle mord.

La théorie de ceux qui croient que tout ce qui est possible est réellement n'est pas seulement fausse, elle est hétérodoxe. Car, si tout ce qui est possible est réellement, la création, qui a toujours été possible, a toujours été réellement et effectivement. Voici donc la vieille erreur de la matière éternelle que nous avons déjà rencontrée au commencement de ces études et que nous retrouvons ici sous un autre nom, sous une autre forme, et découlant d'une autre source. Si tout ce qui est en puissance était toujours par cela même en acte, le monde, qui a toujours été en puissance, aurait toujours été en acte. Donc il se serait créé lui-même, donc il serait Dieu.

XVIII

La vérité catholique a cela de magnifique, que non seulement elle sauvegarde la foi, mais elle sauvegarde aussi la raison. Sans doute la raison existe en dehors de la révélation surnaturelle; mais elle est entourée de tant de précipices, si facile à l'erreur, si bordée d'écueils et d'ennemis, si hésitante, si embarrassée, que le pied lui manque à chaque instant. Aussi la vérité catholique lui est prodigieusement utile, non seulement dans le domaine des choses que la raison, livrée à elle-même, ignorerait entièrement, mais dans le domaine des choses que la raison, livrée à elle-même, pourrait connaître. Car la raison ne fait pas tout ce qu'elle peut, et elle a besoin de secours, non seulement pour monter au-dessus d'elle-même, mais même pour ne pas tomber au-dessous d'elle-même. La théorie chrétienne de la création illumine la raison humaine, non seulement par les lumières supérieures qu'elle lui fournit, mais par les renforts qu'elle donne aux lumières naturelles de la raison.

La création a donc été d'abord en puissance seulement.

Par la libre volonté du Créateur, elle a passé de la puissance à l'acte.

De toute éternité la lumière était possible. Mais de toute éternité la lumière créée n'était pas un acte.

Le *Fiat*[1] du Créateur a fait passer la lumière de la puissance à l'acte.

Ce célèbre *Fiat lux*[2], que tous les siècles ont admiré dans le récit de Moïse, n'est pas seulement le *Fiat lux* de la lumière naturelle, il est aussi le *Fiat lux* de la lumière intellectuelle ; car il indique, il signifie la création des Anges.

Il est l'étoile qui éclaire la philosophie de la création.

---

[1] *Fiat*, « que la chose soit. »
[2] *Fiat lux*, « que la lumière soit. »

*
* *

Il y a un Être pour qui la puissance et l'acte ne constituent pas deux états distincts. Il y a un Être qui n'a pas été un seul instant, même un seul instant de raison, en puissance avant d'être en acte. Il y a un Être pour qui *être* c'est être absolument, immensément, pleinement, infiniment.

Et cet Être, c'est l'ÊTRE.

Un homme qui gardait des troupeaux, et qui s'appelait Moïse, vit un jour un buisson ardent. Il paissait les brebis de Sécho, son beau-père. Remarquez qu'il était entouré de brebis. Dans cette scène immense et surhumaine, les animaux jouent un rôle. Dieu va dire son nom, et l'homme auquel il va parler garde des moutons. Les créatures sont là, muettes et douces. Celui qui s'appelle Moïse est entouré de brebis. Les brebis ne sont pas même à lui. Il garde les troupeaux de son beau-père. Il arrive à l'intérieur du désert. Il ne reste pas sur les frontières. Il cherche et il trouve le cœur de la solitude. C'est le mont Horeb.

Et dans une flamme de feu, au milieu du buisson, il vit Quelqu'un. C'était l'apparition du Seigneur.

Le buisson brûlait et ne se consumait pas. « Qu'est-ce donc que ceci ? disait Moïse. Il faut voir de près cette grande vision. Pourquoi le buisson ne se consume-t-il pas ? »

Et Dieu dit :

« Moïse, Moïse. »

Et Moïse répondit :

« Me voici. »

« Me voici : » c'est le mot de toute créature quand Dieu parle. C'est aussi le mot des étoiles : « Nous voici. » Abraham dit : « Me voici, » quand il entend l'appel terrible qui va l'attirer sur la montagne du sacrifice.

« Me voici, dit l'homme.

« Mais vous, quel est votre nom ? »

Et Jéhovah répond :

JE SUIS CELUI QUI SUIS.

Voilà son nom. Il est l'Être, non pas l'Être relatif, mais l'ÊTRE absolu.

Il Est absolument.

Quand on a été d'abord à l'état de puissance pour parvenir ensuite à l'état d'acte, c'est qu'on a beaucoup à désirer du côté de l'être. Autrefois on n'était pas. On a commencé d'être. On n'est donc ni nécessaire, ni éternel, ni absolu. On n'a l'être que par participation. On dépend. On est relatif.

Mais celui qui dit :

« Je suis Celui qui suis, »

celui-là n'a pas à devenir. Il n'a pas à franchir les distances. Il n'a pas à se former. Il n'a jamais eu rien d'incomplet. Aucun de ses attributs, aucune de ses perfections n'a eu à se former.

Tout ce qu'il est, il l'est de toute éternité.

La possibilité d'être et l'acte ne sont en lui qu'une seule et même chose.

C'est pourquoi nous dirons que Dieu est : ACTE PUR.

Il est l'Acte qui ne doit à personne aucune de ses perfections, l'Être en soi, l'Être pour soi.

**

Si le monde avait été de toute éternité, le monde serait acte pur. Mais, tout au contraire, le monde n'était autrefois qu'en puissance. Il a été conduit vers l'acte par le *Fiat* du Créateur. Le monde n'est pas *acte pur*. La création n'est pas Dieu.

Le possible est, d'après saint Thomas, tout ce dont il ne suit rien d'impossible lorsqu'on peut le concevoir en acte.

Avant sa création, le monde était donc possible.

Les principes constitutifs des êtres sont donc la puissance et l'acte.

Maintenant, pour les corps, les éléments de formation sont :
LA MATIÈRE ET LA FORME.

XIX

La matière et la forme sont, pour l'être physique, ce que la puissance et l'acte sont pour l'Être métaphysique.

La *matière*, en effet, dans le sens philosophique de ce mot, c'est l'être physique en puissance. La *forme*, c'est l'être physique en acte.

Il est bien entendu que le mot *forme* est pris ici dans son sens philosophique, et non pas dans le sens que lui donne la conversation. Dans la conversation, la forme d'une chose, c'est l'aspect que lui donnent ses contours. La forme de cet objet est ronde; la forme de cet autre objet est carrée. Cette forme est élégante; cette autre ne l'est pas. Dans ce sens, la forme d'une chose n'est qu'un accident extérieur. C'est la forme extérieure et accidentelle.

Au contraire, la forme, dans le sens philosophique que nous étudions aujourd'hui, donne l'être à la chose. C'est la forme intérieure; c'est la forme substantielle.

**

Par exemple, voici un grain de blé. Vous pouvez le détruire, le décomposer. Vous pouvez compter les éléments qui le composaient.

Mais quand vous aurez fait cette décomposition, tâchez de réunir les éléments que vous avez désunis. Tâchez de refaire un grain de blé.

Vous ne le pourrez pas. Vous pourrez bien réunir les éléments qui autrefois faisaient un grain de blé. Mais leur réunion ne reconstituera pas le grain de blé détruit.

Pourquoi donc? Pourquoi donc, quand vous avez tous les éléments constitutifs d'un grain de blé, n'avez-vous cependant pas un grain de blé?

Parce que, dans ce grain de blé, il y avait autre chose que les éléments matériels qui avaient concouru ensemble : il y avait la forme.

La forme était l'unité en vertu de laquelle il était un grain de blé et non pas autre chose. La vie est l'action de la forme sur la matière.

La vie était, dans le grain de blé, la chose que vous avez pu détruire, mais que vous ne pouvez pas rétablir.

Les éléments matériels, c'était le multiple. La vie, c'était l'unité. Vous aurez beau rapprocher les éléments multiples, vous ne pourrez pas ressaisir l'unité disparue.

Voici une bouteille d'eau de Vichy. Décomposez l'eau. Vous pourrez, grâce à la chimie, nommer, connaître, compter les substances qui la composaient. Très bien.

Mais essayez maintenant de les réunir, ces substances : vous n'aurez pas d'eau de Vichy. Vous aurez cependant toutes les matières de l'eau de Vichy. Que vous manquera-t-il ? Il manquera le *je ne sais quoi*. *Je ne sais quoi*, c'est la *forme*.

Prenez enfin une œuvre humaine : voici une machine.

Supposez-la aussi compliquée qu'il vous plaira. Imaginez les rouages les plus nombreux et les matériaux les plus divers. Il y a du bois, des pierres, du fer, des métaux de toute nature. Cette machine possède une unité qui relie entre eux tous ces éléments. Grâce à cette unité, la machine est ce qu'elle est. Elle porte le nom que vous voudrez.

Maintenant détruisez-la. Prenez un à un tous les matériaux qui la composaient. Enlevez-les.

Maintenant replacez-les dans la situation où vous les aviez placés tout à l'heure. Placez le bois où était le bois. Placez le fer où était le fer. Placez tous les métaux, tous les matériaux dans la situation où vous les avez trouvés.

Vous avez la même machine que tout à l'heure, et si tous les éléments de son opération sont les mêmes, elle fonctionnera comme tout à l'heure.

Tout au contraire, si vous décomposez un fruit, et si vous essayez de le recomposer, la chose sera absolument impossible.

Pourquoi cette différence ?

C'est que la machine n'a qu'une forme accidentelle.

Le fruit a une forme substantielle.

La machine la mieux faite est la machine qui a le plus d'unité et dont toutes les parties sont le plus savamment réduites à l'obéissance, en vue du tout qui est l'unité.

Mais cette machine-là elle-même n'a cependant qu'une forme purement accidentelle. Si vous prenez chacune de ses parties détachées de l'ensemble, chacune de ses parties aura conservé son être propre. Il y aura autant d'êtres propres que la machine avait de corps employés à la fabrication de la machine.

Le fer sera du fer. L'or sera resté de l'or.

La pierre sera restée pierre. Le bois sera resté bois.

Pourquoi encore une fois cette différence énorme?

C'est que l'homme peut seulement fabriquer, il ne peut pas créer. Il peut faire une machine, il ne peut pas lui donner la vie. Il peut faire un composé artificiel dont les pièces resteront toujours, quoi qu'il fasse, distinctes les unes des autres. Il pourra réunir ces pièces, il ne pourra pas les fondre. Il peut juxtaposer, il ne peut pas animer.

Dieu, au contraire, peut prendre les éléments les plus multiples et leur ordonner de perdre leur nom propre pour former une unité vivante qui les absorbera et qui les animera.

L'homme peut arranger des corps : Dieu peut leur donner une âme, c'est-à-dire leur donner la vie.

La vie! voilà le grand mot.

L'unité vivante est la réserve de Dieu.

Le composé artificiel fait de main d'homme restera toujours physiquement à l'état de pluralité.

Le composé naturel organique, malgré la

multiplicité des substances, parviendra réellement à l'unité.

La rose n'est réellement qu'une seule plante, la rose, malgré le nombre des éléments végétaux qui la composent.

Il n'y a là qu'une vie: c'est la vie de la rose.

Enfin, et voici la grande conclusion : l'HOMME, malgré la dualité des substances dont il est fait; l'HOMME, âme et corps, est pourtant réellement et substantiellement UN.

Ainsi dans l'homme l'*âme* est la forme.

L'âme intellective s'unit au corps humain comme forme.

Voilà le grand mystère et la grande vérité. Quand l'homme meurt, le corps se dissout et tombe en décomposition, parce que l'âme, qui est sa vie, l'abandonne.

L'école de Platon, suivie de toutes ses dépendances, faisait réellement de l'homme deux êtres : l'âme, d'un côté; le corps, de l'autre. C'est que l'école de Platon ignorait la loi de la vie, c'est-à-dire la forme substantielle.

Platon compare l'âme située dans le corps à un batelier placé dans son bateau.

Si cette comparaison était vraie, l'homme serait deux êtres, comme le batelier et le bateau sont deux êtres.

Le batelier n'est pas substantiellement uni au bateau.

Mais l'âme est forme substantielle du corps : c'est pourquoi l'homme est UN.

Ainsi cette grande théorie de la forme substantielle, que l'on voudrait ensevelir dans les limbes de l'oubli, et contre laquelle le préjugé est armé de toutes ses armes; cette grande théorie reste l'immortelle vérité, la vérité scientifique.

XX

Jetons un coup d'œil sur le chemin que nous avons fait.

Nous avons contemplé la création et la rédemption. Dans l'une et dans l'autre nous avons contemplé l'unité du plan divin ; sagesse invisible, signe visible.

La sagesse invisible est manifestée par le signe sensible.

Nous avons vu l'erreur tomber dans les différents abîmes qui bordent le chemin.

Nous l'avons vue nier tantôt la sagesse invisible, tantôt le signe sensible.

Nous l'avons vue nier la création, tomber dans l'abîme du panthéisme et dans l'abîme du manichéisme.

Nous avons vu les abîmes s'ouvrir sous les pas de l'Orient et les abîmes s'ouvrir sous les pas de l'Occident.

Nous avons vu ensuite l'erreur s'attaquer

à la rédemption, comme elle s'était attaquée à la création et s'attaquer de la même façon à l'une et à l'autre.

Nous l'avons vue nier tantôt la divinité, tantôt l'humanité de Jésus-Christ, tantôt l'âme et tantôt le corps de l'homme, tantôt le mode de leur union.

Puis, portés à des sommets qui dominent toutes choses, nous avons entendu saint Paul nous dire que les choses visibles sont la manifestation des choses invisibles.

Et voilà la création.

Nous avons enfin entendu saint Paul nous dire que Jésus-Christ est la vertu et la sagesse de Dieu.

Et voilà l'Incarnation.

Nous avons enfin appuyé sur le mot *vertu*; nous avons montré quelque chose de cette manifestation qui s'est faite par la chair prise.

Nous avons montré l'Église catholique, dépositaire de la doctrine et du signe sensible, distribuant les sacrements.

*
* *

Nous allons aujourd'hui dire quelques mots de Jésus-Christ, sagesse de Dieu, et, dans cette grande intention, nous allons ouvrir la théologie mystique et lui demander quelques-uns de ses secrets.

Nous allons entendre quelques grands hommes nous dire ce qu'ils ont pensé de plus grand relativement à Dieu et à Jésus-Christ.

Après avoir étudié cette immense parole dans laquelle saint Paul renferme l'histoire du pontife juif et de la sagesse profane; après avoir abordé le Christ, vertu et sagesse de Dieu, *Christum Dei virtutem et Dei sapientiam,* il faut approfondir ce dernier mot; et, pour l'approfondir, il faut étudier, dans les sources ouvertes à notre soif, ce que nous disent sur la sagesse de Dieu ceux qui ont essayé de nous désaltérer.

Dieu est l'absolu, l'incompréhensible, l'immense, l'infini.

Il est l'objet du divin; vers lui tendent les esprits.

Parmi les théologiens du Dieu incompréhensible, il faut citer d'abord le grand saint Denys, saint Denys l'Aréopagite.

Écoutez-le :

« Trinité plus haute que la nature, vous qui présidez aux choses de la sagesse divine, ô vous qui êtes bonne, et plus que cela, dirigez-nous vers le sommet des oracles plus qu'inconnu, plus que brillant, plus que suprême, vers le point où les mystères de la théologie, simples et immuables, s'entr'ouvrent dans l'obscurité translumineuse du silence qui dit ses secrets, dans l'obscurité éblouissante, dans ces ténèbres situées à de plus inaccessibles altitudes que la lumière, dans cette ombre translumineuse qui est plus haute que la splendeur et qui éblouit l'esprit saintement aveuglé. Oh! voilà ma prière! voilà mon désir! Mon cher Timothée, je veux te voir abîmé dans la contemplation. Ne te contente ni des vues, ni de l'intelligence, ni du sensible, ni du compréhensible, et monte, autant que cela est permis, monte plus haut que l'intelligence, vers l'union de celui qui est par-dessus la science et l'erreur. Délivré, absous, purifié, sans entraves, les pieds libres, peut-être monteras-tu vers le rayon surnaturel de la divine obscurité. »

Saint Denys est le père de la philosophie divine dont je voudrais donner aujourd'hui une idée au lecteur.

Saint Paul, qui avait célébré en Jésus-Christ la puissance et la sagesse de Dieu; saint Paul, le jour où il parla devant l'Aréopage, fit don de saint Denys au ciel et à la terre. Saint Denys le suivit. Saint Paul avait parlé du Dieu inconnu.

XXI

Qui sait quelle flamme alluma ce mot dans l'âme préparée de son auditeur, dans l'âme de ce Denys, qui avait vu sur les bords du Nil le soleil s'éclipser dans l'après-midi du vendredi saint! Denys devint saint Denys et rayonna sur le monde. Mais la hauteur continuelle de son langage suppose chez le lecteur une initiation déjà accomplie. Pour donner une idée de saint Denys, je vais m'adresser à un des hommes les plus profondément versés dans sa doctrine, au cardinal de Cusa, et traduire un de ses dialogues : « Le Dieu caché. »

La scène se passe entre un chrétien et un Gentil.

LE DIEU CACHÉ

DIALOGUE ENTRE UN CHRÉTIEN ET UN GENTIL

Le Gentil. — Quel anéantissement ! quelles larmes ! Elles ne mentent pas : elles viennent du cœur. Qui donc es-tu ?

Le Chrétien. — Je suis chrétien.

Le Gentil. — Qui adores-tu ?

Le Chrétien. — Dieu.

Le Gentil. — Quel est ce Dieu que tu adores ?

Le Chrétien. — Je ne m'en doute pas.

Le Gentil. — Comment ! tu adores ce que tu ignores ?

Le Chrétien. — J'adore parce que j'ignore.

Le Gentil. — Je n'y comprends rien. Tu te prosternes devant ce que tu ignores ?

Le Chrétien. — Je n'y comprends rien. Tu te prosternes devant ce que tu comprends ?

Le Gentil. — Explique-toi.

Le Chrétien. — Celui qui croit savoir est fou à mes yeux.

Le Gentil. — Ainsi nous ne savons rien. Le fou, ne serait-ce pas toi ?

Le Chrétien. — J'entends par science parfaite la possession de la Vérité. Comment veux-tu que la vérité soit possédée par un autre qu'elle-même ?

Le Gentil. — Je ne comprends pas.

Le Chrétien. — Tu veux que la Vérité soit possédée par un autre qu'elle ! Mais comprends donc dans quel sens je dis : posséder la Vérité ! J'entends par là la posséder telle qu'elle est, d'une façon pleine et adéquate. Hors la Vérité, pas de vérité. Hors le cercle, pas de cercle. Hors de l'humanité, pas d'homme.

Le Gentil. — Mais alors comment se fait-il que je connaisse la vérité, le cercle, l'homme, et tant de choses ?

Le Chrétien. — Mais c'est qu'aussi tu ne connais rien de tout cela, dans le sens profond qui convient à ce mot. Tu connais et tu ne connais pas. Parce que tu distingues une pierre d'un homme, tu crois savoir ce que c'est qu'une pierre et ce que c'est qu'un homme. Tu les connais dans le sens où tu parles, non dans le sens où je parle. Tu leur donnes des noms; mais, quant au fond de leur substance, tu ne les connais pas.

Le Gentil. — Y a-t-il plusieurs vérités?

Le Chrétien. — Il n'y en a qu'une, car il n'y a qu'une unité. Or la Vérité coïncide avec l'Unité. Dans l'ensemble des nombres, il n'y a qu'une unité. Dans l'ensemble des choses, il n'y a qu'une vérité. Celui qui n'atteint pas l'unité ignorera toujours le nombre. Celui qui n'atteint pas la Vérité dans l'unité ignorera tout, en vérité. Et quand il croit savoir quelque chose, cette chose peut être connue plus vraiment qu'il ne la connaît. Le visible peut être vu avec plus de vérité que tu ne le vois; il suffirait pour cela d'avoir de meilleurs yeux. Tu ne vois donc pas le visible tel qu'il est en vérité, mais comme tu es capable de le voir. Ce que je dis de l'œil, je le dis de l'oreille et des autres sens. Ce que nous savons, nous ne le savons pas de la science suprême. Nous le savons autrement, d'une science imparfaite. Ainsi de la Vérité ; quand nous la connaissons, nous ne la connaissons pas comme elle est, comme elle se connaît elle-même. J'appelle fou celui qui croit savoir quelque chose dans la vérité, puisqu'il ignore la Vérité elle-même. L'aveugle qui, ignorant la couleur, jugerait les nuances, ne serait-il pas aussi fou qu'aveugle ?

Le Gentil. — Quel est donc le savant, si personne ne sait rien ?

Le Chrétien. — Celui-là doit être réputé savant qui connaît son ignorance et adore la Vérité. Celui-là sait qu'en dehors d'elle il ne peut rien saisir, ni l'être, ni la vie, ni l'intelligence.

Le Gentil. — Serait-ce le désir de vivre dans la vérité qui t'a ainsi précipité dans l'adoration ?

Le Chrétien. — Justement. J'adore. J'adore non pas le Dieu que vous croyez connaître et nommez, pauvres Gentils. J'adore Dieu lui-même, celui qui est la Vérité ineffable.

Le Gentil. — Quelle est, mon frère, entre toi et moi la différence ?

Le Chrétien. — Il y en a beaucoup. Voici

la principale. Nous adorons la Vérité absolue, sans mélange, éternelle, ineffable. Vous, vous ne l'adorez pas en elle-même. Votre adoration s'égare dans les créatures. Vous ne recherchez pas l'Unité absolue. Vous allez la quérir dans le nombre et dans la multitude.

Le Gentil. — Je voudrais cependant être conduit à l'intelligence de ce Dieu que tu adores. Dis-moi de lui tout ce que tu en sais.

Le Chrétien. — Je sais que tout ce que je sais n'est pas Lui, qu'aucune de mes conceptions ne Lui ressemble, et qu'Il est au-dessus de tout.

Le Gentil. — Ce Dieu serait-il donc le néant?

Le Chrétien. — Non, certes! le néant est un terme. Il s'appelle le néant.

Le Gentil. — S'il n'est pas le néant, il est donc quelque chose?

Le Chrétien. — Il n'est pas quelque chose. Quelque chose est une limite.

Le Gentil. — Tu me confonds. Dieu n'est pas le *néant,* et il n'est pas *quelque chose?*

Le Chrétien. — Il est au-dessus du néant et au-dessus de l'objet. Le néant lui obéit, et à sa voix se change en quelque chose. Telle est sa toute-puissance. Elle excède tout ce qui est et tout ce qui n'est pas. Le néant lui est soumis comme les substances. A sa voix, le néant se précipite sur l'être, et l'être pourrait se précipiter sur le néant. Il n'est rien de tout ce qui est au-dessous de Lui. Tout est soumis à sa toute-puissance. Il ne peut être appelé d'un nom plutôt que d'un autre. Tout est sa créature.

Le Gentil. — Peut-il être nommé ?

Le Chrétien. — Médiocrement. Ce qu'on peut dire de lui est peu de chose. Sa grandeur, qui est à l'abri de nos conceptions, est à l'abri de nos paroles.

Le Gentil. — Alors il est ineffable.

Le Chrétien. — Il n'est pas ineffable plus que tout au monde ; il est l'objet de la parole, lui qui est la cause de tout ce qui a un nom. Comment manquerait-il de nom, celui qui donne tous les noms ?

Le Gentil. — Donc il a un nom et il n'en a pas ?

Le Chrétien. — Pas davantage. Dieu n'est pas contradictoire. Il est la simplicité, antérieure aux racines mêmes de la contradiction.

Le Gentil. — Que dis-tu donc de lui ?

Le Chrétien. — Je dis que rien ne lui convient, ni le nom ni l'absence du nom. Toutes les choses qui peuvent être dites, séparées ou réunies, affirmatives ou négatives, lui sont inférieures à cause de l'excellence de son infini, principe suprême, antérieur à toutes les pensées qui peuvent se former sur Lui.

Le Gentil. — Ainsi l'être ne convient pas à Dieu ?

Le Chrétien. — Comme tu le dis.

Le Gentil. — Et le néant lui convient-il ?

Le Chrétien. — Pas davantage. Il est la source et l'énergie de tout principe, principe de substance et principe de néant.

Le Gentil. — Ainsi il est le principe de l'être et le principe du néant ?

Le Chrétien. — Pas davantage.

Le Gentil. — Mais c'est toi qui viens de le dire !

Le Chrétien. — J'ai dit vrai quand j'ai dit *oui*. Je dis vrai quand je dis *non*. S'il y a quelques principes d'être ou de néant, Dieu est avant eux. Le néant lui-même a besoin d'un principe pour être le néant.

Le Gentil. — Dieu est-il vérité ?

Le Chrétien. — Il est avant toute vérité.

Le Gentil. — Est-il étranger à la vérité?

Le Chrétien. — Non pas. Il n'est étranger à rien, mais il est infiniment au-dessus de tout ce qui peut être conçu ou nommé par nous comme étant la vérité.

Le Gentil. — Le nom de Dieu, le donnez-vous à Dieu?

Le Chrétien. — Oui.

Le Gentil. — Dites-vous vrai ou faux?

Le Chrétien. — Ni l'un ni l'autre. Sa simplicité est également supérieure à ce qui a un nom et à ce qui n'en a pas.

Le Gentil. — Pourquoi nommez-vous Dieu celui dont vous ignorez le nom?

Le Chrétien. — A cause des ressemblances que nous trouvons.

Le Gentil. — Explique-toi.

Le Chrétien. — Θεός, Dieu, vient de θεωρέω, contempler. Dieu se comporte dans notre pays comme le regard au pays de la couleur. La couleur ne peut être atteinte que par le regard. Mais pour qu'il puisse atteindre toute couleur, il faut que le regard lui-même soit sans couleur. Dans la région de la couleur, le regard n'a pas de nom, parce qu'il est sans couleur. Il pourrait sembler aux couleurs que le regard est plutôt un néant qu'un objet, si les couleurs cessaient de raisonner. Le regard, qui n'est pas lui-même une couleur, n'a pas de nom dans la région des couleurs. Aucun nom ne répond à lui. Et cependant c'est le regard qui donne leur nom à toutes les couleurs, car c'est lui qui les distingue. Tout nom dépend du regard dans la région des couleurs; mais celui qui donne tout nom n'en garde pas pour lui-même.

Le Gentil. — Ceci me plaît. Je comprends. Dans la région des créatures, le nom de Dieu manque. Il échappe à nos conceptions, et son nom manque à notre langue. Dans la région des multiples, on ne trouve que des choses multiples. Tous les noms qu'on y prononce portent tous le multiple. Et le multiple n'est pas par lui-même. Il est la créature de Celui qui est simple.

Tous les multiples n'existent que par sa volonté. Dans cette région-là, lui-même est inconnu. Béni soit dans les siècles des siècles, béni soit ce Dieu caché qui échappe aux regards des sages. *Amen.*

*
* *

Ce que j'admire dans ce dialogue, ce n'est pas seulement la hauteur de l'esprit, la pureté de la conception intellectuelle ; c'est aussi la chaleur, l'émotion, le cœur qui bat et qui adore.

Ce n'est pas une affirmation sèche de l'Être absolu. C'est une affirmation aimante, une affirmation radicale, et le cœur semble d'autant plus engagé, que l'intelligence est plus haute et plus pure.

Le Gentil est d'abord frappé, altéré par les larmes du chrétien. Il a vu le chrétien en prières ; et c'est la sincérité de l'émotion chrétienne qui a frappé d'abord son intelligence encore aveugle, mais déjà préparée.

Il y a quelque chose de très beau dans cette entrée en matière. Il y a quelque chose de dramatique dans ces larmes qui servent au Gentil d'initiation, et l'introduisent dans le domaine des grandes vérités qu'il va apprendre.

Plus l'idée de Dieu est pure, plus elle est

attendrie. Un des caractères de la vérité, c'est que l'émotion s'unit à la grandeur sur les terrains qu'elle habite. Défiez-vous de la sécheresse. Presque toujours, là où l'idée de Dieu sera froide, une erreur doctrinale accompagnera la froideur. Le sentiment de la Majesté divine peut se fausser dans l'homme, comme tout sentiment. S'il se fausse, il chasse généralement l'intimité. S'il demeure vrai, il produit l'intimité. Plus Dieu apparaît grand, plus l'âme justifiée sent le besoin de s'unir à lui par une union intime. Si le désir de l'intimité manque, c'est que le sentiment de la grandeur pèche par quelque point. Le don des larmes, accordé à plusieurs Saints, contient en lui toute une philosophie sublime.

Les larmes sont le langage le plus profond du cœur, le signe le plus intime de l'intimité humaine. Or les larmes sont précisément, pour quelques âmes superbes, la langue qu'elles parlent, quand elles parlent à Dieu, quand elles parlent de Dieu. Langue magnifique et universelle, victorieuse de Babel et de la confusion! Unité merveilleuse du langage de l'âme, qui, chez tous les peuples et dans tous les pays, à toutes les époques, dans tous les siècles et sous toutes les latitudes, parle et comprend les larmes !

«Les larmes arrivent quand la parole cesse : elles expriment l'ineffable. C'est pourquoi elles conviennent spécialement quand c'est de Dieu qu'il s'agit; et sainte Rose de Lima, qui ne savait peut-être pas à quelle hauteur philosophique était placée sa remarque, disait que les larmes appartiennent à Dieu, et qu'il faut les réserver pour lui seul. Ainsi elle rejoignait, par la simplicité, les hommes de la science la plus haute et de la réflexion la plus profonde. Tel est, du reste, un des caractères de la Vérité. Elle n'efface pas les individualités humaines, mais elle les réunit sur un terrain où elles ne se réuniraient jamais sans elle. Les plus grands esprits et les âmes les plus enfantines trouvent les mêmes choses sur le terrain de la Vérité. Les uns et les autres ne parlent pas le même langage : chacun garde son style, son caractère, sa vocation, son aptitude; mais le même soleil alimente les petites fleurs et les grands arbres.

La sagesse divine ne rend pas sainte Germaine Cousin semblable à saint Denys, mais elle se fait reconnaître dans l'un et dans l'autre, et c'est, dans les deux cas, la même sagesse divine.

XXII

Revenons au cardinal Cusa. Je le choisis comme un des interprètes les plus profonds, les plus clairs et les plus ignorés de la doctrine des grands philosophes chrétiens. Je ne crains pas de citer beaucoup, car il faut insister sur les grandeurs élémentaires et oubliées. Je lui laisse donc encore une fois la parole.

« Les plus grandes ailes, dit-il, sont celles qui vous emportent là où la parole s'éteint et se repose, là où le raisonnement meurt, là où l'esprit conçoit ce que la langue est impuissante à exprimer dignement. Quand l'homme est nommé, il est compris : il est d'une certaine manière appréhendé par l'intelligence ; la pensée se fixe sur quelque chose. Mais, quand Dieu est nommé, si votre regard spirituel se fixe sur un point connu, c'est que le mouvement vrai ne vous emporte plus, et que votre esprit a abandonné le grand vol. Le mot *Dieu* ne signifie rien que vous puissiez concevoir : il faut qu'il vous ravisse plus haut que votre intelligence, et que, dans cette région, il vous exprime l'infini, l'ineffable, l'incompréhensible.

. . . .

« Nous attribuons à Dieu les noms qui nous sont suggérés par les inclinations de l'homme intérieur. Si les yeux devaient nommer Dieu, ils le nommeraient lumière, parce que la lumière est leur inclination, leur raison d'être et leur nourriture. Toute créature cherche ce qu'elle aime et la substance d'où elle tire la sienne.

« L'enfant, en tant qu'enfant, demande à sa mère sa nourriture. L'homme intérieur est incliné vers la vérité, la justice, la vie et la lumière. Il nomme Dieu de ces noms, et adore comme Dieu le principe UN et substantiel en qui tout cela réside et de qui il reçoit la nourriture. Il nomme Dieu selon le désir de son inclination. Dieu est ineffable. Cependant le désir spirituel, qui s'exprime par des mots, conduit l'âme, par la route des mots qui expriment ses désirs, vers la fontaine de l'ineffable.

« L'enfant ne connaît pas le vrai nom de sa mère. Il l'appelle d'un nom approprié à lui. Il ne sait de son nom que ce qu'il est capable d'en comprendre. — De même la vie vers laquelle est incliné l'homme intérieur, c'est la justice et la bonté. La vérité, telle qu'il la comprend, est éternelle. Il est incliné vers l'éternité. Dieu est ineffable; mais nous lui donnons tel ou tel nom, suivant le désir de notre esprit. Nos désirs nous inclinent vers notre principe et notre Dieu... Nous cherchons le nom de Dieu d'après les inclinations de nos désirs. Nos désirs se portent vers la perfection, et nous disons : Dieu est parfait. Mais il n'est pas seulement parfait, il est au-dessus des possibilités contenues dans la perfection pensée par nous.

« Ce que nous ne désirons pas, nous le déclarons étranger à Dieu, comme le mal.

« Dieu nous est révélé de deux façons : par le Christ dans la lumière de la foi et de la grâce, et par la lumière intérieure de l'ordre naturel.

« La lumière naturelle nous dit que Dieu est Vie, Bonté, Sagesse, etc. etc., et nous parlons en conséquence. Mais comme ce sont nos désirs qui nous suggèrent les noms que nous lui donnons, les locutions négatives ont une vérité plus haute que les locutions positives. J'aime mieux dire : Dieu n'est pas la vie, que de dire : Dieu est la vie; car la première parole contient la seconde avec quelque chose de plus : elle affirme Dieu comme étant la vie suréminente et plus haute que la vie nommée par nous; la seconde dit moins que la première. Et cependant la première parole, la parole négative, ne me satisfait pas non plus parfaitement; car elle ne me dit que ce que Dieu n'est pas. Alors je me précipite sur la révélation; j'ajoute la grâce à la nature. Je me précipite sur la connaissance surnaturelle, celle qui porte le bonheur et le pain, celle que le Christ communique : connaissance énigmatique encore elle-même sur la terre, mais qui, dans le pays des vivants, sera la vision faciale.

« J'entrevois donc quatre degrés de connaissance : au premier degré, nous nommons Dieu d'après les désirs de notre esprit, vie, sagesse, bonté, etc. etc.; au second degré, nous comprenons qu'il est au-dessus de toute compréhension, au-dessus des noms de nos désirs. Ce degré est une certaine renonciation qui porte en elle l'affirmation première à un degré suréminent. C'est une affirmation occulte qui contient et dépasse l'affirmation explicite.

« Le troisième degré nous révèle quelque chose de la splendeur que le second degré a enveloppée d'ombre : cette obscurité sublime s'éclaire et s'illumine. Cette lumière brille dans l'ombre, comme la lumière de la lune brille dans la nuit. Mais les contours des objets demeurent dans l'ombre ; la lumière ne nous éclaire que par l'intermédiaire de la foi. Ainsi la lumière du soleil ne nous éclaire la nuit que par l'intermédiaire de la lune ; c'est une lumière énigmatique. La foi vient et décroît, ainsi que la lune.

« Mais au quatrième degré, dans la région stable et divine, la lumière du soleil de justice éclaire par elle-même, comme saint Jean nous l'affirme dans l'Apocalypse, et nous passons alors de la connaissance à la vision.

« Voilà la chose suprême, voilà la vision de l'essence divine. Mais faites attention :

l'essence divine excède la mesure de toute connaissance dont soit capable la créature. Dieu seul se connaît comme il est ; la connaissance qu'il a de lui-même est, en un sens, incommunicable. L'homme même est inconnu de l'homme, quant à son essence intérieure. Cette substance absolument intime, qui s'appelle en latin *quidditas,* est un mystère : votre essence est un secret pour toute créature.

« La vision béatifique est la vision de la face de Dieu. La vision satisfait le désir. Elle rassasie : je n'en sais pas davantage. J'ai soif, vous me donnez à boire : je me désaltère. Je n'ai pas besoin, pour me désaltérer, de connaître l'essence de ce que je bois. Si ce que je bois est au-dessus de ma conception et de mon désir, c'est assez, cela suffit ; qu'importe mon ignorance ? Et si la chose qui me désaltère était moins noble, je ne serais ni si désaltéré ni si heureux.

« Donc cette sublime incompréhensibilité de l'essence divine, loin d'être contraire à mon bonheur, lui est rigoureusement et absolument nécessaire. Qu'est-ce que d'être incompréhensible, sinon d'être supérieur à la pensée ? Si Dieu n'était qu'un Dieu rigoureusement compréhensible, il n'aurait pas la plénitude infinie de l'être et du pouvoir. Il ne serait pas Dieu. Il aurait un supérieur possible. Il est évident que le bien compréhensible serait surpassé par un certain bien incompréhensible. Dieu est donc ce bien absolu, trop grand pour être pensé. Donc il est inconnu, quant à son essence, quant à sa *quiddité*. Et remarquez-le bien, ce mystère est rigoureusement nécessaire à notre bonheur. Tout ce que nous comprenons par l'intelligence augmente notre avidité de comprendre. Si nous pouvions comprendre Dieu, l'avidité de le comprendre grandirait à mesure que nous le comprendrions; elle finirait par devenir plus grande que Dieu, plus grande qu'un Dieu compréhensible. En sorte que ce Dieu n'apaiserait pas le désir et ne donnerait pas le bonheur.

« Il ne serait donc pas Dieu. Or l'intelligence veut être heureuse; elle ne veut donc pas d'un Dieu qu'elle comprenne. Elle veut un Dieu qui alimente éternellement sa croissante avidité, un Dieu qui jamais, jamais ne puisse faire défaut à son désir croissant, un Dieu dont la grandeur soit absolument à l'abri de la limite; elle le veut sans mesure, elle veut l'infini, elle veut l'incompréhensible. »

Ainsi parle le cardinal de Cusa. Ainsi parlent tous les Pères, ainsi parlent tous les grands hommes; toutes les grandes voix catholiques se font écho les unes aux autres. L'incompréhensibilité de Dieu leur donne d'intarissables désirs et d'intarissables éloquences.

*
* *

Écoutez sur le même sujet saint Augustin, dans le Commentaire sur saint Jean. Il parle de la béatitude, et sent que la parole va lui manquer. Il nous explique magnifiquement cette défaillance qu'il prévoit. Sa phrase est trop belle pour n'être pas citée en latin :

Ubi sit nec fastidium nec fames, quomodo dicam nescio. Sed Deus habet quod exhibeat nescientibus quomodo dicant et cedentibus quod accipiant.

« Là où il n'y a ni dégoût ni faim, je ne saurais dire ce qu'il y a; mais Dieu a de quoi montrer à ceux qui ne savent plus que dire et qui croient à ses dons. »

Il y a, entre tous les grands docteurs, une certaine émulation de paroles, qui finit par devenir une émulation de silence. Leurs paroles finissent toutes, après avoir brûlé, par s'éteindre comme des lampes devant la majesté qu'elles célèbrent. Elles vérifient toutes le grand mot de saint Denys, qui est l'habitant de cette montagne :

« Quand vous parlerez de Dieu, mes enfants, dit-il, plus vos paroles seront élevées, plus elles seront courtes, et, s'élevant encore, elles finiront par s'abîmer dans le silence ineffable. »

Saint François de Sales exprime exactement la même idée que saint Augustin, et développe cette mystérieuse alliance de satiété et d'insatiabilité, qui permet aux bienheureux d'être de plus en plus satisfaits et de plus en plus ardents. Saint Jean Chrysostome, Denys le Chartreux, tous les disciples de saint Denys, maîtres à leur tour, ont successivement appelé toutes les forces de leur parole et toutes celles de leur silence pour les agenouiller et les immoler tour à tour devant la majesté incompréhensible que leur adoration poursuivait sans l'atteindre.

*
* *

Il faut citer encore. Le nom de la bienheureuse Angèle de Foligno s'impose quand il s'agit du nom de Dieu. Cette âme extraordinaire semble avoir eu pour mission de représenter la magnifique impuissance de ce puissant désir qui cherche à nommer Dieu. Sainte Catherine de Gênes, avec beaucoup de violence cependant, représentait peut-être la douceur de ce désir. La bienheureuse Angèle, avec beaucoup de douceur cependant, en représentait peut-être la violence.

Il faut l'écouter. Il faut entendre cette parole naïve et sublime. Un jour, elle voit l'Amour qui vient à elle. Ne cherchons plus ici la forme dogmatique et scientifique des docteurs dans le moment précis où ils enseignent (car les docteurs catholiques sont aussi ardents que lumineux, et leur enseignement se termine toujours par quelque aspiration); cherchons la forme ardente et transportée des bienheureux. Angèle voit donc l'Amour venir à elle.

« Ce que je voyais, dit-elle, avait un prolongement sans avoir de limite. »

Admirez l'exactitude de cette expression, si imagée et si juste.

« Les couleurs, poursuivit-elle, ne me fournissent aucun terme de comparaison. Quand l'Amour arriva à moi, je le vis avec les yeux de l'âme beaucoup plus clairement que je n'ai jamais rien vu avec les yeux du corps... Il me sembla qu'un instrument tranchant me touchait; puis il se retirait, ne pénétrant pas autant qu'il le laissait entrevoir. Je fus remplie d'amour, je fus rassasiée d'une plénitude inexprimable; mais, écoutez le secret : *cette satiété engendrait une faim inexprimable.* »

Admirez comme la doctrine et l'Amour poussent le même cri.

« Mes membres, dit Angèle, se rompaient de désir, et je languissais, je languissais, je languissais *vers ce qui est au delà.* Et il y avait un cri en moi : la mort! la mort! car la vie m'est une mort. Bienheureuse Vierge, prenez avec vous les Apôtres; allez ensemble,

ensemble, ensemble devant le Très-Haut, et puis à genoux, à genoux, tous à la fois, à genoux tous, pour que j'arrive vers Celui que je veux ! Saint François, à genoux ! A genoux, Évangélistes !... Je fus remplie d'un amour auquel je ne crains pas de promettre l'éternité, et si une créature me prédisait la mort de mon amour, je lui dirais : *Tu mens,* et si c'était un ange, je lui dirais : *Je te connais, c'est toi qui es tombé du ciel*[1]. »

Ce drame superbe de l'Amour remplit la vie d'Angèle. Et ce drame, supérieur à tous les drames célèbres, plus éloquent, plus vivant que le drame de Dante, serait plus illustre aussi aux yeux des hommes, si un étrange bandeau posé sur les yeux ne leur cachait pas la magnificence dès que la magnificence revêt un caractère divin. Écoutons encore un instant :

« Si on eût nommé Dieu devant moi, poursuit la Bienheureuse, on m'eût fait un mal horrible, parce qu'à ce nom je suis délectée d'une si infinie jouissance, que je

---

[1] *Le livre des Visions et des Révélations de la bienheureuse Angèle de Foligno,* traduit par Ernest Hello.

suis crucifiée de langueur et d'amour. Et pourtant tout ce qui est moindre que ce nom me devient un autre supplice... Silence devant l'Incomparable!... Mes paroles me font l'effet d'un néant. Qu'est-ce que je dis? mes paroles me font horreur. O suprême obscurité !...

« S'il s'agit des opérations ineffables, s'il s'agit de l'éblouissement de gloire, n'approchez pas, parole humaine; ce que j'articule en ce moment me fait l'effet d'une ruine, et j'ai l'épouvante qu'on a quand on vient de blasphémer. »

Oui, si Angèle de Foligno, au lieu d'être la bienheureuse Angèle, avait le même génie dans une direction profane, toutes les nations seraient pleines de sa gloire.

Étudions-la, écoutons-la. Écoutons en cela l'écho dramatique et ardent des grandes paroles doctrinales que nous avons entendues ailleurs, et disons avec saint Paul : *O altitudo !* « ô profondeur ! » *O altitudo !*

XXIII

Nous avons étudié quelques-unes des magnifiques analogies que présente l'homme avec Jésus-Christ.

Jetons maintenant un coup d'œil sur la création, et voyons de quelle façon elle porte en elle la trace du Créateur.

Dieu est Celui qui Est, et il est Celui qui agit. Car il y a une parole féconde qui doit nous accompagner partout dans ces études.

Operatio sequitur esse : « L'opération suit l'être. » Un être agit comme il est.

Pour découvrir la nature, le mode, la portée de son action, il faut connaître la nature, le mode, la portée de son être.

*
* *

La Vérité a ce caractère merveilleux de n'avoir qu'à se montrer.

L'erreur travaille; elle discute, elle réfute. Elle réfute quelquefois victorieusement une certaine erreur; mais comme elle tombe d'un autre côté, sa réfutation périt dans sa chute, et l'esprit vacillant qui l'a suivie là où elle allait d'abord, c'est-à-dire dans la réfutation d'une certaine erreur, retourne très souvent à ce malheureux point de départ, parce qu'il n'a pas trouvé le repos dans son malheureux point d'arrivée.

Au contraire, l'enfant qui sait son catéchisme possède, sans y penser, la réfutation de toutes les doctrines hétérodoxes.

La Vérité ne se donne pas toujours la peine de combattre; mais, qu'elle combatte ou non, elle emporte toujours avec elle les éléments de sa victoire.

Quand elle combat l'erreur, elle entre dans le domaine de la lutte.

Quand elle se détourne de l'erreur pour ne s'occuper que d'elle-même, elle rentre dans le domaine de sa paix intérieure.

Elle combat : c'est le travail; ce sont les six jours.

Elle s'affirme : c'est le repos; c'est le dimanche.

Elle n'a qu'à se montrer pour faire le vide ; les erreurs disparaissent, et elle remplit le vide qu'elle a fait, car elle est la vérité.

La magnifique théorie de l'être créé et de la forme substantielle porte en elle la réfutation d'un nombre énorme d'erreurs philosophiques et théologiques. Les erreurs de l'Inde, de la Perse, de la Grèce, viennent mourir devant elle. Elle extermine les monstres de la fausse philosophie et de la fausse théologie, et elle les extermine sans les regarder.

Mais si, abandonnant les champs de bataille, nous nous tournons vers elle pour la contempler, nous trouverons dans la paix qu'elle porte en elle de beaux spectacles oubliés.

Saint Thomas a dit cette grande parole :
Divina bonitas sui diffusiva est ; et ideo voluit ut omnia ei similia essent, non solum in esse, sed etiam in agere.

« La bonté divine est diffusive d'elle-même ; aussi a-t-elle voulu que toute créature eût avec elle une certaine ressemblance, non seulement dans la manière d'être, mais aussi dans la manière d'opérer. »

Parole étonnante ! car Dieu seul est Dieu.

Il est Celui qui Est.

Qui donc est semblable à Lui ?

Être semblable à Dieu ! voilà le cri de Lucifer, et saint Michel s'interpose comme une épée flamboyante.

Mais ne craignez pas. La ressemblance constatée par saint Thomas n'est qu'une image ou un vestige, qui rendra à Dieu tout ce qu'il est, à la créature tout ce qu'elle est ; image et vestige qui chanteront la gloire du Dieu unique, au lieu de porter la main sur cette unité.

Dieu est ; il est parfaitement, absolument, infiniment, essentiellement. Il est l'être lui-même. Il est Celui qui Est.

La créature n'est pas comme Dieu. Elle n'est pas celle qui est. Elle n'est pas éternelle ; elle n'est pas absolue.

Cependant elle est. Elle est réellement. Son être n'est pas, comme beaucoup l'ont cru, une illusion, un jeu des sens, une apparence.

Non, elle est vraiment.

PHILOSOPHIE

La créature n'est pas une subsistance par soi, mais par Dieu. Cependant cette subsistance est réelle.

Elle n'est pas une illusion ; elle n'est pas non plus un atome absorbé dans l'Être divin, de façon à ne pouvoir se distinguer de lui, de façon à se confondre avec le grand tout.

Non ; elle a une existence distincte, une réalité distincte, existence et réalité qui lui appartiennent en propre, qui la distinguent de Dieu, qui la distinguent des autres créatures. Elle possède donc son être, et par là une certaine ressemblance divine.

Ressemblance admirablement mitigée, qui laisse Dieu seul être Dieu, mais qui permet à la créature d'être quelque chose ou quelqu'un !

Mais si nous la trouvons dans la manière d'être, comment la trouverons-nous dans la manière d'opérer ?

Dieu a une manière d'opérer au dehors qui s'appelle *créer*.

Or *créer* n'appartient qu'à lui. Comme il a seul l'être par soi, il a seul la puissance créatrice.

Comment donc voulez-vous que fasse l'homme pour avoir avec Dieu une ressemblance quelconque, même la moindre, dans sa manière d'opérer ?

Le problème est résolu.

L'homme ne crée pas. La création, réserve du Seigneur, n'est pas à la portée de nos mains.

Mais Dieu nous a livré la matière première, sa créature. Elle est capable de toutes les formes, et il l'a mise à notre disposition. Il nous a permis de changer sa forme substantielle, par conséquent son être.

Par là, sans rien créer, nous avons donné l'être à une créature.

Dieu nous a livré la matière première, l'être en puissance.

Et nous, nous en avons fait ce que nous avons voulu. Nous avons donné une forme, c'est-à-dire un être, à cette matière.

Nous n'avons pas créé, car nous n'avons pas fait quelque chose de rien ; mais nous avons pris la matière ; nous l'avons *substantiée, spécifiée, individualisée*. C'est de nous, de nous réellement qu'elle tient son être substantiel.

Ainsi, ayant quelque ressemblance avec

Dieu dans la manière d'être, — car nous *sommes* réellement, — nous avons quelque ressemblance avec lui dans la manière d'opérer; car nous pouvons détruire une forme et en donner une autre.

Mais ainsi qu'une distance énorme nous sépare de Dieu; — car Il est Celui qui Est, et nous, nous ne tenons pas notre être de nous-mêmes, — ainsi une distance énorme et correspondante nous sépare de Dieu dans la manière d'opérer.

Car Celui qui Est a la puissance de créer. Il tire du néant, il fait de rien quelque chose.

Et nous, qui ne sommes pas par nous-mêmes, mais qui *sommes* cependant, nous ne créons pas; nous ne tirons pas du néant, nous ne faisons pas de rien quelque chose. Mais nous agissons sur cette matière première qui nous est donnée, et nous lui imposons la forme substantielle. Nous lui donnons un être. Nous lui donnons un nom. Un nom nouveau s'échappe de nos lèvres, qui sera le nom nouveau de cette chose nouvelle. Donner son nom, c'est faire acte d'autorité.

Nous informons, nous ne créons pas. Nous

agissons en maîtres, nous n'agissons pas en dieux.

*
* *

Si maintenant nous regardons notre pensée, notre verbe, nous allons trouver entre Dieu et l'homme des analogies qui nous permettront de comprendre que Dieu a fait l'homme à son image et ressemblance.

L'image de la Trinité que nous portons en nous n'est pas seulement une vérité spéculative, utile à connaître pour que l'intelligence soit éclairée. Elle est aussi une certaine beauté pratique en soi; pratique, puisqu'elle est réalisée dans la création, et qui exige de la part de l'homme une certaine pratique, digne de son origine et digne de sa grandeur. Noblesse oblige ! Or nous sommes faits à l'image et à la ressemblance de Dieu.

Dans son *Traité de la Trinité*, voici comment s'exprime saint Augustin :

« Comme l'esprit et l'amour dont il s'aime lui-même sont deux choses distinctes, ainsi l'esprit et la connaissance par laquelle il se connaît sont aussi deux choses distinctes. L'Esprit donc, son amour et sa connaissance, sont, il est vrai, trois choses distinctes ; mais ces trois choses ne sont qu'une seule et même âme. En effet, ces trois choses, si distinctes qu'elles soient, ne sont pas trois vies, mais une seule vie ; ne sont pas trois esprits, mais un seul esprit ; conséquemment, elles ne sont pas trois substances, mais une seule substance. Ces trois ne font qu'un, en tant qu'elles ne font qu'une seule vie, un seul esprit, une seule substance. Mais elles sont trois choses, en tant que chacune se rapporte mutuellement aux deux autres. »

Cette connaissance, qui se forme en nous, a mille fois exalté le génie de saint Augustin.

Saint Augustin est l'un des hommes les plus préoccupés du mystère intérieur de l'homme. Sa mémoire est pour lui un secret profond et singulier dont il étudie la nature avec une surprise éloquente et naïve, une surprise qui ne s'émousse pas et qui résiste à l'épreuve de l'expérience. Saint Augustin s'étonne toujours que l'homme puisse se souvenir, Saint Augustin poursuit souvent ce mystère de l'homme, image de l'unité et de la Trinité divine, et il se complaît dans son admiration. Son admiration de l'homme, laquelle se convertit dans son cœur en adoration de Dieu, est l'un des textes favoris de sa méditation et de ses discours. Cette connaissance qui se forme en nous, saint Augustin l'appelle le verbe de l'esprit : *verbum mentis*. Il l'appelle aussi le fils du cœur : *filium cordis*.

*
* *

Dans le concert des Pères de l'Église, nous entendrions aussi saint Basile nous dire :

« Notre verbe, à nous, a une certaine ressemblance avec le Verbe de Dieu; car il renferme toute la conception de l'esprit. »

Nous entendrions saint Chrysostome s'exprimer plus hardiment encore :

« Le Fils éternel procède du Père, dit-il, comme notre raison procède de notre esprit. »

Les Pères grecs ont été sur ce sujet d'une fécondité intarissable; Cornelius a Lapide, qui les connaissait si bien, résume en ces mots leur pensée :

Logos Græcis est proles mentis. « Pour les Grecs, le *logos* est le fils de l'esprit. »

Cornelius a Lapide résume en ces quelques paroles la doctrine des Pères :

« Comme lorsque nous pensons ou que nous comprenons, nous nous formons une *conception* de la chose que nous avons pensée ou comprise, et cette conception s'appelle le verbe de l'esprit; de même le Père éternel, en entendant et en comprenant sa propre essence et tout ce qui s'y rapporte, produit son VERBE ÉTERNEL, parfaitement égal et ressemblant à lui : et de là arrive que ce Verbe est Dieu. »

Poursuivons ces analogies et étudions-les avec saint Augustin :

« Tant que mon verbe ou ma pensée est dans mon esprit, dit-il, ce verbe est une chose tout intellectuelle, toute spirituelle et bien différente du mot ou du son de la voix : *Verbum quod est in corde meo, aliud est quam sonus.* Lorsque cette pensée cherche une manifestation en dehors de mon esprit, que fait-elle ? Elle cherche un véhicule dans le son de la voix, car le son de la voix est le véhicule du verbe : *Vehiculum quærit, vehiculum verbi sonus est vocis.*

« Porté sur ce véhicule, ma pensée traverse l'air et arrive jusqu'à vous: *Imponit se in vehiculum, transcurrit aera et pervenit ad vos.* Donc mon verbe, voulant se faire connaître à vous, parle dans la voix, s'unit à la voix, s'incarne en quelque sorte dans la voix, se fait voix. Ainsi le Verbe de Dieu, voulant se faire connaître à l'homme, s'est uni à la chair, s'est incarné, s'est fait chair.

« En vous communiquant ma pensée par des mots, je ne m'en dessaisis pas. En passant dans votre esprit, elle ne se sépare pas du mien : *Pervenit ad vos, et non recessit a me.* Avant mon discours, j'avais ma pensée et vous ne l'aviez pas ; j'ai parlé, vous l'avez eue, et moi je n'ai rien perdu. Ainsi donc, le verbe que je viens d'articuler est devenu sensible à vos oreilles et ne s'est point séparé de mon esprit. Ainsi le Verbe de Dieu s'est fait sensible à nos yeux et n'a pas quitté son Père : *Sicut verbum meum prolatum est sensui tuo et non recessit a corde meo, ita Ver-*

bum Dei prælatum est sensui nostro et non recessit a Patre suo. »

Il s'en faut de beaucoup que ces analogies soient seulement ingénieuses. Elles sont vraies : et elles sont vraies d'une vérité profonde, féconde, qui agit non seulement sur les intelligences, mais sur les âmes préparées. Elles entr'ouvrent des horizons ; elles nous introduisent dans la pensée de saint Anselme, quand saint Anselme disait : *Fides quærens intellectum :* « la foi cherchant l'intelligence. » L'intelligence de ces hommes est venue au secours de la foi, et c'est ce qui la rend si importante, si précieuse, si opportune de nos jours, si utile à divulguer. L'ignorance moderne (je parle de l'ignorance relative aux choses religieuses) a enseveli dans un tombeau l'intelligence chrétienne des siècles passés. Il faut la tirer de ce tombeau et la révéler encore une fois, puisqu'elle est devenue un secret.

Écoutons donc encore saint Augustin :
« Si au lieu de vous distribuer la parole, dit-il, je vous distribuais des pains ; si les pains étaient donnés tous au même, les

autres n'auraient rien. Je parle, et vous avez tous ma parole, et non seulement vous l'avez tous, ce qui serait peu de chose, mais vous l'avez tous tout entière ; elle parvient à vous dans son intégrité. »

Saint Augustin prononçait ses discours très probablement avant de les écrire. Il donnait l'exemple vivant et la preuve palpable de la vérité qu'il énonçait. Il est beau d'observer, en effet, que si un distributeur quelconque distribuant des pains, toutes les personnes présentes en recevaient, la distribution serait parfaite. Mais, même alors, même dans cette occasion, tous recevraient du pain, du pain tiré de la même masse ; mais tous ne recevraient pas identiquement le même pain. Le pain de l'un ne serait pas le pain de son voisin. On pourrait préférer le pain reçu par Pierre au pain reçu par Paul. Mais tous reçoivent la même parole, non pas différentes paroles tirées d'une masse unique, mais la même absolument et la même intégralement.

Le concile d'Éphèse parle exactement comme saint Augustin :

« Comme notre parole intérieure, dit-il,

lorsqu'elle est revêtue du son de la voix dans le langage ou du signe de la lettre dans l'écriture, devient visible et maniable, de même le Verbe de Dieu, par l'incarnation, est devenu sensible. »

On peut dire de saint Augustin qu'il est avide des images de la Trinité. S'il s'agissait de choses profanes, je dirais qu'il est curieux. Mais j'aime mieux dire qu'il est avide, car c'est un besoin et non une fantaisie qu'il cherche à satisfaire.

« Voyons, dit-il, si dans la connaissance naturelle des choses temporelles nous pourrons rencontrer encore quelque image de la Trinité, comme nous en avons rencontré déjà dans les sens du corps et dans les images qui entrent dans notre esprit par leur moyen. Ainsi, par rapport aux choses corporelles, antérieures à nous et perçues par nos sens, nous nous trouverons avoir les ressemblances des corps gravées dans notre mémoire ; de ces ressemblances nous formons notre pensée, et ces deux termes sont unis par la volonté, qui est le troisième. »

Trois choses : partout l'être, partout la conception intellectuelle, et partout dans l'homme la volonté qui agit.

A mesure que nous nous élevons dans l'échelle des êtres, la ressemblance s'élève et grandit.

*
* *

La philosophie catholique est généralement oubliée. Un certain préjugé, que j'ai déjà constaté dans cet ouvrage, engage les hommes au mépris des penseurs, si ces penseurs ont été orthodoxes. S'ils ont été hétérodoxes, le préjugé agit en sens inverse. Au contraire, pour les esprits éclairés, la philosophie catholique contient un enseignement d'autant plus beau, que le champ de la science s'étend plus loin. Si l'empire des sciences physiques et morales était mille fois plus étendu, nous pourrions concevoir une admiration mille fois plus grande de cette philosophie hardie et simple, toujours ancienne et toujours nouvelle, qui, sans rien exclure des connaissances apportées par les faits, leur a préparé d'avance la place qui leur convient et les reçoit dans le palais qu'elle a d'avance construit pour elles. Mais le préjugé est là, le préjugé aidé par l'oubli.

C'est pourquoi j'ai essayé de lutter contre l'un et contre l'autre.

Parmi les livres qui peuvent aider cette double lutte, lutte contre le préjugé, lutte contre l'oubli, il faut signaler la *Philosophie chrétienne* du P. Ventura[1].

Le P. Ventura a un certain nombre d'idées particulières dont l'examen ne serait pas ici à sa place, dont la discussion serait trop longue et que nous n'adopterions pas toutes, il s'en faut de beaucoup. Son style aggrave aussi souvent les imperfections de sa pensée. Mais, disons-le et répétons-le bien haut, le P. Ventura, en tant qu'il est l'explicateur et le propagateur moderne de saint Augustin et de saint Thomas, en tant qu'il a montré leur accord, analysé leur doctrine et constaté leur génie, le P. Ventura a rendu à la science un immense service. Son livre, malgré les restrictions qui s'imposent d'elles-mêmes à nos éloges, est une bibliothèque entière, un arsenal rare et précieux, et j'ose dire que, s'il était plus connu, la vérité serait moins ignorée. Que de paroles a fait prononcer aux hommes le spectacle de l'u-

---

[1] *Philosophie chrétienne*, par le R. P. Ventura de Raulica. Gaume frères, libraires-éditeurs, Paris.

nivers! Et que de paroles vaines parmi toutes ces paroles! Le monde, *livré à nos disputes*, a été commenté par tous nos commentaires. L'ignorance et la corruption ont eu la permission de dire sur lui tout ce qu'elles ont voulu. Il a continué sa marche.

Cependant des hommes profonds, à l'esprit très exercé, des hommes au cœur très pur avaient pénétré depuis longtemps dans quelques-uns des secrets qui le régissent, et leur pénétration a été oubliée, parce qu'elle avait la foi pour fondement. Les hommes, rejetant la foi, avaient rejeté la science, qui s'appuyait sur elle. Ils avaient même rejeté la science catholique beaucoup plus complètement, beaucoup plus souvent que la foi catholique.

Et il faut maintenant leur rappeler cette vérité primordiale : l'être et les opérations des créatures sont des images ou des vestiges de l'Être divin et de l'opération divine.

Ainsi la grande parole de saint Thomas, qui brille d'une lumière visible sur quelque point de la création qu'on la regarde briller, resplendit d'une splendeur plus éclatante quand on s'élève dans l'échelle des créatures.

La vie végétative participe de la puissance d'informer. Depuis le cèdre du Liban jusqu'à l'hysope, tous les végétaux engendrent à leur manière et donnent la vie qui leur est propre.

Dans les entrailles de la terre se forment des eaux minérales, dont les composés artificiels n'imiteront pas la saveur et la vertu. Dans les entrailles de la terre se forment des pierres précieuses, qui étaient autre chose et qui deviennent des pierres précieuses, prenant un nom nouveau avec une nouvelle forme substantielle. Il n'y a pas là création : ces choses ne se tirent pas du néant ; mais il y a une certaine activité, imitatrice de la création.

XXIV

Pour trouver le principe de ces analogies, il faut remonter à la Genèse. Dieu dit : « Faisons l'homme à notre image et ressemblance. »

Au point de départ, pour la créature humaine, il y a donc un pluriel. Dieu parle au pluriel. Les Pères et les conciles ont été unanimes pour discerner ici l'intention du Créateur. Il n'a pas voulu créer l'homme seulement à l'image et ressemblance du Dieu *un*, mais aussi à l'image et ressemblance du Dieu *trine*.

Ainsi il lui a donné, avec l'être, les trois facultés qui doivent déterminer sa manière d'être.

Ainsi l'homme se trouve pourvu d'une ressemblance particulière avec son Créateur, ressemblance qui éclate : *Non solum in esse, sed etiam in opere*, « non seulement dans l'être, mais aussi dans la manière d'être. »

Ainsi dans les entrailles de la terre, ainsi dans la vie végétative, ainsi dans la vie animale, partout un certain vestige de Dieu ; car partout il y a des êtres réels, et partout ces êtres réels ont une certaine activité qui change la forme substantielle des créatures sur lesquelles ils agissent.

Qui est semblable à Dieu ? Personne.

Dieu seul a l'être par lui-même. Il est Celui qui Est.

Mais toutes les créatures ont reçu de lui un être réel, une substance qui n'est pas une illusion.

Qui est semblable à Dieu ? Personne.
Lui seul a la puissance créatrice. Lui seul tire du néant. Lui seul fait de rien quelque chose.

Mais les créatures se donnent les unes aux autres une forme substantielle qui est une réalité.

Enfin l'homme qui a une âme est fait à l'image et ressemblance de la Trinité. Ainsi conçue comme une créature aspirante, comme une créature soupirante, l'univers aspire à reproduire de moins loin quelque vestige ou quelque image de la Divinité.

C'est une ascension, c'est une échelle.

Que dirions-nous si nous apprenions tout à coup, sans préparation; que dirait un jeune voyageur, non habitué aux choses de la terre, s'il apprenait tout à coup que l'homme, invité à une ressemblance particulièrement sublime, la ressemblance de l'amour; s'il apprenait que l'homme refuse, s'il entendait sortir de ses lèvres ce mot désavoué par l'universel concert, par la respiration universelle des êtres sans liberté; s'il entendait sortir des lèvres de l'homme ce mot étrange : Non, je ne veux pas ressembler à Dieu !

L'homme individuel est fait à l'image et ressemblance de Dieu. Mais si je regarde l'homme social, si je quitte la Genèse pour ouvrir l'Évangile, ou plutôt si, sans quitter la Genèse, j'ouvre aussi l'Évangile, je trouve à un autre point de vue l'affirmation de la même ressemblance.

« Faisons l'homme à notre image et ressemblance. »

Voilà la Genèse.

« Qu'ils soient consommés en un, comme mon Père et moi nous sommes un. »

Voilà l'Évangile.

Vers le commencement de l'Écriture est affirmée la première ressemblance. Vers la fin de l'Écriture, voici l'affirmation de la seconde.

C'est au moment solennel de la dernière Cène, quand Jésus-Christ parle à son Père et parle à ses disciples; dans cette prière et dans cet adieu, que leur recommande-t-il ? Il leur recommande l'unité.

Il les engage à se conformer au modèle que lui-même contemple sur la montagne.

Mais, dans la Genèse, Dieu allait agir seul. Il ne s'agissait que de créer. Le néant ne résiste pas. L'homme allait être fait immédiatement à l'image et à la ressemblance de Dieu.

Tandis que, dans l'Évangile, il s'agit d'hommes déjà créés et capables de résistance.

Cette unité, cette trinité, dont l'image et le vestige est la loi de toute créature et dont l'ombre se retrouve partout, tantôt plus visible, tantôt plus cachée, tantôt augmentée, tantôt diminuée, suivant la hauteur de la créature qu'elle touche, est-ce que son image, est-ce que sa ressemblance ne vont pas enfin devenir triomphantes et resplendissantes dans le grand jour du christianisme sur les fronts baptisés?

Si déjà l'image ou le vestige de la Trinité tombe sur toute créature, que sera-ce de l'homme, de l'homme après la cène, de l'homme après la croix, de l'homme après l'Eucharistie? car l'institution de l'Eucharistie date de la même solennité. Cette ressemblance divine, déjà tant célébrée par la nature des choses, doit être maintenant agrandie, embellie, exaltée, consacrée par l'union des hommes, par leur amour, par leur consommation dans l'unité. Cette unité, cette trinité, Jésus-Christ, près de quitter la terre, en confie l'image et la ressemblance sublime à cette humanité pour laquelle il va mourir. Unité! cri de la terre! Unité! cri du ciel! cri de la victime déchirée qui redemande ses membres!

Je m'arrête de peur de regarder les réalités qui m'entourent, de peur de voir autour de moi, de peur de voir et de comparer. . . . .
. . . . (*Cætera desiderantur.*)

DEUXIÈME PARTIE

L'ATHÉISME AU XIXe SIÈCLE

> Omnia in ipso constant.
> (S. Paul.)

La doctrine que je vais combattre nous adresse la parole au nom de quatre puissances : la religion, la société, la science et l'art.

Je vais la montrer telle qu'elle est. Elle contient quatre choses : négation de la religion, négation de la société, négation de la science et négation de l'art ; en d'autres termes, athéisme et barbarie.

Cette affirmation, qui doit être prise à la lettre, va devenir évidente.

Cet ouvrage sera divisé en deux parties. La première sera consacrée à l'athéisme français; la seconde à l'athéisme allemand, d'où découle le premier.

CHAPITRE PREMIER

NÉGATION DE LA RELIGION

Il y a deux manières d'être athée.

On peut dire : Je suis athée ; Dieu n'est pas.

On peut dire, comme l'a fait M. Renan : Je crois en Dieu, je l'adore ; *mais il n'existe pas.*

Celui-là est athée qui nie Dieu : ceci est élémentaire. Mais voici qui est plus subtil ; écoutons comme l'on parle aujourd'hui. Le passage qui suit est textuel :

« A ceux qui, se plaçant au point de vue de la substance, me demanderont : Ce Dieu est-il ou n'est-il pas ? Ce Dieu, répondrai-je, c'est Lui qui est, et tout le reste qui paraît être. Supposé même que, pour nous, philosophes, un autre mot fût préférable, outre que les mots abstraits n'expriment pas assez clairement la réelle existence, il y aurait un immense inconvénient à nous couper ainsi toutes les sources poétiques du passé, et à nous séparer par notre langage des simples qui adorent si bien à leur manière. Le mot *Dieu* étant en possession des respects de l'humanité, ce mot ayant pour lui une longue prescription et ayant été employé dans toutes les belles poésies, ce serait renverser toutes les habitudes du langage que de l'abandonner. — Dites aux simples de vivre d'aspirations à la vérité, à la beauté, à la bonté morale, ces mots n'auront pour eux aucun sens. Dites-leur d'aimer Dieu, de ne pas offenser Dieu : ils vous comprendront à merveille. Dieu, Providence, Immortalité, *autant de bons vieux mots,* un peu *lourds peut-être,* que la philosophie interprétera dans des sens de plus en plus raffinés, mais qu'elle ne remplacera jamais avec avantage. Sous une forme ou sous une autre, Dieu sera toujours le résumé de nos besoins supra-sensibles ; la catégorie de l'idéal (c'est-à-dire la forme sous laquelle nous concevons l'idéal), comme l'espace et le temps sont les catégories des corps (c'est-à-dire les formes sous lesquelles nous concevons les corps). En d'autres termes, l'homme placé devant les choses belles, bonnes ou vraies, sort de lui-même, et, suspendu par un charme céleste, anéantit sa chétive personnalité, s'exalte, s'absorbe. Qu'est-ce que cela, si ce n'est adorer ? »

J'ai cité cette page pour aller, dès le premier mot, au fond de la question. L'écrivain qui a écrit ces lignes veut habiller l'athéisme, parce que, nu, ce monstre fait horreur. Je veux déshabiller l'athéisme, parce que, nu, ce monstre apparaît comme il est. Je veux montrer que la raison est en cause comme la foi, attaquée comme elle, menacée comme elle. C'est l'armée du néant qui s'avance à la conquête du monde, pour détrôner l'homme et pour détrôner Dieu. L'ennemi veut détrôner Dieu par la négation, la seule arme qu'il ait sous la main ; arme impuissante et pourtant chérie, la négation. Il veut détrôner l'homme par le renversement des lois constitutionnelles de sa raison et de sa pensée.

Dieu, c'est l'Être. Or la personnalité étant

une condition essentielle de l'Être absolu, admettre l'Être et lui refuser la personnalité, c'est dire : L'Être n'est pas. Si l'Être n'est pas, tous les êtres sont impossibles, et le néant est nécessaire. Le Dieu vers lequel on vient de tourner notre pensée, le Dieu abstrait, n'est pas l'Être, puisque l'idée de l'Être absolu implique nécessairement vie, personne, conscience. Donc, si le vrai Dieu était ce Dieu, l'Être ne serait pas.

Il est vrai que ce blasphème, contenant une négation absolue de l'idée, contient une négation absolue de la parole, et le langage humain recule devant lui. Pour que l'Être soit parlé, il faut d'abord que l'Être soit. L'homme ne peut nier l'Être sans l'affirmer au même moment, puisque son nom, qu'il faut prononcer avant de le nier, implique et contient déjà son affirmation. Dieu n'est pas ; traduisez : L'Être n'est pas, ou : L'Être est n'étant pas, ou bien encore : Celui qui Est n'est pas.

Tâchez donc, pour nier Dieu réellement, de fuir dans un monde où vous puissiez parler et échapper au verbe *être*.

« A ceux qui se plaçant au point de vue de la substance, » dites-vous. Mais comment voulez-vous qu'on ne se place pas au point de vue de la substance?

Le nom de Dieu, « ce bon vieux mot un peu lourd, » ne mérite-t-il pas qu'on demande s'il représente pour vous l'Être, ou s'il représente le néant?

« S'anéantir, dit-on, sortir de soi, qu'est-ce que cela, si ce n'est adorer? »

Mais, pour adorer, il faut adorer *Quelqu'un*, et non point un idéal abstrait. Quel être vivant a jamais pu adorer ce qui ne vit pas?

En faisant un tel Dieu, on n'a oublié qu'une chose : Dieu est nécessairement la vie essentielle. La parole impie ne peut éviter l'inévitable *être;* votre âme n'évite pas l'inévitable *aimer*. Vous êtes celui qui n'est pas, celui qui a besoin : *ego egeo*. Donc vous adorez un Dieu sans vie, le néant pur.

Votre poids, c'est votre amour, et votre amour vous entraîne à toutes les négations. La critique, entre les mains de l'impie, au lieu d'être une arme devient une divinité : elle ne cherche pas pour trouver, elle cherché pour chercher. Car, si une fois elle avait trouvé, il lui faudrait adorer autre chose qu'elle-même. Elle cherche pour chercher ; de cette façon-là elle s'adore pour toujours, et son investigation n'aura pas de fin.

Si la vérité demandait à la critique : « Quelle récompense veux-tu ? — Nulle autre que de t'avoir cherchée, » répondrait le menteur. Mais voici la réponse vraie : *Nulle autre que moi-même. Je n'ai que faire de toi. C'est moi qu'il s'agit de glorifier. Je te défends d'apparaître, tu m'effacerais.*

Et ainsi, triomphante, la critique menteuse attire en faisant le vide. Elle veut régner sur les ruines du monde, non pour construire un nouvel univers, mais pour se dire : J'ai détruit l'ancien. Cette reine du vide a des moments d'enthousiasme qui font peur. Ses enthousiasmes sont des élans vers la mort. Le plaisir de nier va chez elle jusqu'au vertige ; et je crois donner sa formule quand je dis : Le néant est son idéal.

Étrange passion, n'est-ce pas ? une passion qui a pour objet *rien*. Cette passion existe-t-elle dans l'humanité? A-t-elle un sens? A-t-elle un nom? Le néant peut-il inspirer quelque chose? Non. Mais voici le secret : l'amour du néant, c'est la haine de l'Être.

Mais l'Être, c'est le vrai, le beau; c'est le centre adoré vers qui les êtres se tournent, et, dans leur élan vers lui, Platon leur voyait pousser des ailes. Comment donc haïr l'Être?

Prenez garde : les êtres aiment l'Être s'ils consentent à suivre sa loi; car l'Être est nécessairement la souveraineté absolue. Mais s'ils veulent placer en eux la souveraineté, s'ils changent leur mouvement d'aspiration vers lui en un mouvement de rotation sur eux-mêmes, ils se prennent pour dieux et haïssent le vrai Dieu, qui les gêne.

Le rayon qui veut se faire centre déteste le centre, qui reste centre en dépit de tout. Le détestant, il le nie. Nier Dieu, ce n'est pas une doctrine : c'est un cri de colère. La négation, c'est la haine qui se déguise, et l'Écriture place l'athéisme non dans l'esprit, mais dans le cœur : *Dixit insipiens in corde suo : Non est Deus*[1].

Quand la haine s'est déguisée sous la négation, l'ouvrage n'est pas terminé. Il s'agit de déguiser la négation sous les apparences du respect. La rhétorique se charge de cette affaire délicate, et l'athée furieux vous parle en termes polis de son respect *pour toutes les religions*.

Ce pluriel est une perfidie. La religion, c'est la religion unique et absolue. C'est celle-là qui s'appelle la Religion. Les religions qui ne sont pas le catholicisme, ce sont les altérations de la Religion. Mais si, passant sous silence la Religion, je vous parle seulement des religions, je les assimile toutes, et je vous les présente comme des formes diverses de la même erreur.

Je conçois très bien que l'homme qui hait la Religion aime les religions. La Religion est posée par Dieu. Donc nous n'y pouvons toucher. S'agit-il des religions, l'orgueil les aime, parce qu'il sent que là c'est l'homme qui s'adore sous prétexte d'adorer

---

[1] « L'Insensé a dit dans son cœur : Il n'est point de Dieu. »

Dieu : car ces religions sont l'ouvrage de l'homme, et *l'auteur d'une religion en est nécessairement le Dieu.* Toute adoration vraie reconnaît que Dieu c'est l'Être, et que l'homme est par lui-même un néant. Toute adoration fausse tend à affirmer que l'homme est l'être, et que Dieu est le néant. Sous quel discours voile-t-elle sa pensée? Ceci varie, comme l'habileté des écrivains.

Dieu étant le néant, l'homme lui est très supérieur ; aussi l'athéisme adore-t-il l'Humanité, qui est pour lui la plus haute expression de l'être. Le ciel supprimé, il faut que la terre prenne sa place. Seulement l'orgueil ne peut pas ajuster le monde à la supposition qu'il fait. Il est moins fort pour agir que pour parler. Il est moins puissant que subtil. Il n'a pas encore pu, en proclamant que l'homme est Dieu, rendre ce Dieu immortel et invulnérable.

Les religions, en ce qu'elles ont de faux, sont posées par l'homme, qui les fait et les défait suivant le caprice du moment. Or l'homme ne hait la Religion que parce qu'il n'a pas de prise sur elle: elle le domine, elle le gouverne. La Religion est intraitable.

Mais les religions sont commodes, flexibles, maniables. On les travaille comme on veut. De là la sympathie de tous les athées pour toutes les hérésies.

Le rationalisme fait comme l'empire romain. Il reçoit volontiers un dieu nouveau qui demande droit de cité, *à côté des autres,* dans le Panthéon. Il repousse le vrai Dieu, qui est nécessairement unique, exclusif et immuable. Là où une histoire des variations n'est pas possible, l'orgueil se cabre, parce qu'il a horreur de tout ce qui ne vient pas de lui.

Or le caractère propre de la religion, c'est de ne pas venir de l'homme. Dieu est à la fois caché et évident au fond d'elle. Aveugle qui ne le voit pas. La religion est le point de rencontre, le point d'intersection entre le mystère et la lumière. Comme la colonne qui guidait les Hébreux dans le désert, elle est lumineuse d'un côté, obscure de l'autre, et l'homme en la contemplant est dans l'impossibilité de dire : Voilà mon œuvre.

Dieu, s'il est le néant, n'a pas de Verbe. Jésus-Christ n'a pas de raison d'être. Jésus-

Christ! voici le fond, voici la racine, voici l'intime de la question. Jésus-Christ! voilà où vise l'amour, voilà où vise la haine. Notre siècle, qui va au cœur de tout, va droit à Jésus-Christ pour l'adorer ou le crucifier; il sait que c'est en lui que Dieu est touché au cœur. L'Être suprême de 93, l'orgueil ne le hait pas. Robespierre tolérait le Dieu de Luther et de Calvin. Il sentait dans ce Dieu la part de l'homme. Le Dieu haï, le Dieu persécuté, le Dieu maudit, le Dieu adoré, c'est le Dieu vivant, qui est Celui qui Est, comme il l'a déclaré jadis à Moïse. Le grand ennemi, le grand ami, c'est le Verbe, auquel, quand on l'a vu en chair et en os, les hommes ont préféré Barabbas : voilà l'objet de la fureur, sourde ou éclatante, parce que voilà l'être qui était avant que vous ne fussiez, avant qu'Abraham ne fût, celui qui était *in principio,* au commencement, avant tout commencement; celui qui était dans le Père et qui disait au Père en retournant à lui : *Clarifica me tu, Pater, apud temetipsum claritate quam habui, priusquam mundus esset, apud te!...* Ah! voilà votre immense ennemi. Il était la lumière avant que le monde fût.

Dieu, comme l'homme, a sa parole publique et sa parole intime. Sa parole intime, c'est le mysticisme. Tout être intelligent et libre tend à se communiquer ; mais il est différentes natures, différents degrés de communication. Plus l'homme est élevé, plus il est profond. Plus il est profond, plus profonds sont en lui ses secrets.

L'homme vulgaire jette ses paroles au hasard, comme s'il sentait qu'elles ne sont d'aucun prix. L'homme profond les réserve, parce qu'il les respecte. Il ne les livre qu'à une âme disposée à les recevoir. Pour parler, il a besoin que celui qui écoute soit un ami, et que cet ami fasse silence, qu'il attende, qu'il demande. Un cœur profond ne se verse pas dans un cœur léger. Si nous sommes fiers de l'amitié d'un grand homme, c'est que nous sentons, au moins instinctivement, sa gloire rayonner sur nous, quand nous avons eu l'honneur d'arracher une parole intime à celui dont la parole publique éclaire le monde.

Ces vérités ne nous surprennent pas, si nous les appliquons à nous-mêmes.

Mais s'il s'agit de Dieu, de sa parole publique et de sa parole intime, nous nous étonnons, nous sommes prêts à douter. Pourquoi donc? C'est que nous croyons vraiment à notre vie, à notre liberté, tandis que nous doutons de la vie et de la liberté de Dieu; c'est que nous nous sentons maîtres de nos paroles, de nos actes; c'est que nous nous sentons libres dans les choix que nous faisons. Mais la sophistique, dont la tendance est d'annihiler Dieu, nous engage à le considérer comme n'étant pas, alors même qu'en apparence elle convient qu'il est. Elle veut bien qu'il soit, mais elle ne veut pas qu'il agisse; elle consent à le laisser dans son ciel, pourvu qu'il y reste et qu'il lui abandonne la terre. Elle lui donne, quelquefois du moins, la permission d'exister, pourvu qu'il n'en use pas vis-à-vis de nous. Elle se résignerait à un Dieu purement abstrait, à un Dieu neutre dans tous les combats, un Dieu qui n'engageât à rien les créatures, un Dieu condamné par je ne sais qui à je ne sais quelle impuissance; elle admettrait l'Être enfin, pourvu que l'Être fût le néant.

A la honte de notre époque, Rousseau,

ce représentant de la médiocrité, vit encore parmi nous. Il n'est pas rare d'entendre ses derniers et malheureux enfants répéter ses enseignements glacés. Les saints les gênent comme ils gênaient Rousseau, parce que les saints sont les preuves vivantes d'un Dieu vivant, parce que leur histoire est en même temps l'histoire de la vie extérieure du Dieu qui les habite. Jésus-Christ docteur, quelques-uns le supportent, en s'efforçant de fermer les yeux sur la divinité de la doctrine. Ils consentiraient à l'admirer comme homme (car ce serait encore admirer l'humanité dont ils font partie), pourvu qu'ils ne fussent pas forcés de l'adorer comme Dieu. Mais Jésus-Christ thaumaturge leur fait horreur, parce que, dans le miracle, Dieu se révèle en acte; la toute-puissance se déclare, et l'humanité ne peut plus rapporter à elle la victoire.

« Otez les miracles de l'Évangile, et toute la terre est aux pieds de Jésus-Christ, » disait Rousseau. « Jamais un miracle ne s'est passé là où il a pu être constaté, examiné, » a dit M. Renan. Ces deux esprits se touchent par une horreur commune du surnaturel et une commune adoration de la critique qui cherche à le détruire.

M. Renan est au XIXᵉ siècle ce qu'étaient Voltaire et Rousseau au XVIIIᵉ. Au fond, ces trois hommes n'en font qu'un. Jésus-Christ considéré comme personne vivante, réelle ; Jésus-Christ dans son action sur nous ; Jésus-Christ et les saints, voilà ce qui les soulève tous, parce que, dans ces manifestations éclatantes de sa vie, Dieu se montre tout près et ne permet pas de l'oublier.

On parle des saints avec une respectueuse ironie ; on s'en moque avec toutes les hypocrisies de la politesse.

Les faits qui servent de fondement à la mystique chrétienne peuvent être attaqués de deux façons. Ils peuvent être contestés en détail, un à un, au nom de la critique historique ; ils peuvent être niés en masse, résolument et absolument, au nom de cette assertion qui se croit philosophique : « Les lois naturelles sont immuables ; établies par Dieu, *ou plutôt établies par leur* PROPRE VERTU, elles ne peuvent être changées par personne. »

Si la sophistique entrait dans la première

discussion, dans la discussion des détails, et si nous l'y suivions, notre devoir serait de lui présenter les faits mystiques, entourés, au point de vue historique, des mêmes garanties que les faits les plus incontestés. Nous lui demanderions alors pourquoi elle admet les uns et repousse les autres, quand les uns et les autres présentent, au nom de l'histoire, les mêmes titres à la croyance. Mais la sophistique abandonnerait alors la première question et aborderait la seconde, celle qu'elle pose toujours, je me trompe, celle qu'elle tranche toujours, sans l'avoir jamais posée. Elle me répondrait : Je repousse les faits surnaturels, les miracles, les extases, parce que ces faits sont impossibles ; la croyance que vous me proposez est contraire à ma raison. Peut-être ajouterait-elle : C'est Dieu qui les a posées, ces lois (le Dieu impersonnel, le Dieu qui n'est pas). Pourquoi les détruirait-il? pourquoi aurait-il changé d'avis ?

Ici l'athéisme se cache derrière un certain air de respect.

Puisque Dieu existe, répondrais-je, il a créé le monde et il en a posé les lois. Puisque Dieu existe, il a agi de cette sorte avec intelligence et liberté, et puisque cela est ainsi, pourquoi Dieu, qui n'est susceptible d'aucune diminution, perdrait-il ses droits? Pourquoi, puisqu'il a pu créer, ne pourrait-il plus agir sur la création? Pourquoi son œuvre lui deviendrait-elle ou indifférente ou étrangère? Il a été Dieu : donc il l'est toujours; s'il ne l'était plus, il ne l'aurait jamais été; puisqu'il a créé, il maintient; en d'autres termes, il continue la création. Il a pensé, il a parlé, il a voulu les choses; il continue à les penser, à les parler, à les vouloir. Pourquoi ne pourrait-il pas, à son heure, les vouloir autrement? Ces lois, sur lesquelles vous vous appuyez pour le braver aussi fièrement que si elles étaient votre ouvrage, il les a posées librement, dans le jeu de sa puissance. Pourquoi ne pourrait-il pas les suspendre librement? Quelle valeur scientifique a donc cette négation : L'ordre naturel ne peut jamais être interverti? Négation purement gratuite, qui, sans être fondée sur rien, se dresse contre Dieu, contre la raison, contre l'histoire, pour tout attaquer et tout détruire.

Oui, tout cela est vrai du Dieu qui existe;

celui-là agit. Mais, quand la sophistique parle de Dieu, elle parle du Dieu impersonnel, du Dieu qui n'existe pas. De là vient entre nous le malentendu. Nous parlons de notre Dieu, elle parle du sien, et comme celui-là n'existe pas, il ne peut rien faire, j'en conviens.

Quiconque limite Dieu le nie ; donc vous le niez. Pourtant vous prononcez à chaque instant son nom ; donc vous prononcez un nom qui dans votre esprit ne représente rien.

Vous parlez de la vérité ; vous la cherchez, dites-vous. Or la vérité c'est Dieu, c'est l'Être. Mais, si l'Être n'est pas, la vérité n'est pas ; donc vous cherchez ce qui n'est pas.

De Dieu passons à l'homme, qui s'élève vers lui, et demandons-nous ce que c'est qu'un saint.

La philosophie moderne le considère tantôt comme un fanatique terrible, tantôt comme un fou inoffensif, comme un niais bien intentionné. En réalité, que faut-il voir en lui ?

Il faut voir en lui l'homme déifié. La

création est posée sur un plan incliné. Toute créature aspire à monter. Placée à un degré quelconque de l'échelle des êtres, elle aspire au degré supérieur. Mais voici la loi, c'est celle du monde naturel et celle du monde surnaturel : nul ne pourra conquérir la vie supérieure qu'en abandonnant la vie inférieure.

Tel est le sacrifice. Les êtres inanimés le font et ne le sentent pas. Les êtres animés le font, le sentent et ne le comprennent pas. L'homme le fait, le sent et le comprend. En général, ceux qui parlent du sacrifice voient en lui la mort. Qu'est-il réellement ?

Sa forme symbolique est la forme de la croix. La croix est formée de deux lignes qui se coupent à angles droits : la ligne verticale et la ligne horizontale. La ligne verticale est la ligne de vie, la ligne horizontale est la ligne de mort. Dans la croix et dans le sacrifice, la vie et la mort se coupent à angles droits. La mort y a sa place, puisque le sacrifice implique l'abandon de la vie inférieure. Mais la mort est le moyen, non pas la fin ; elle prépare, la vie couronne et termine. Celui qui a passé par la mort comme initiation est transsubstantié, par le sacrifice, à une forme de vie plus haute.

Ceux qui, n'ayant pas traversé le sacrifice, le voient d'en bas, ne distinguent en lui que la mort. Ceux qui, l'ayant traversé, le voient d'en haut, reconnaissent en lui la vie glorifiée. Ceux qui le traversent actuellement sentent le choc des deux puissances.

Le saint est celui qui a traversé le dernier sacrifice. En lui la vie divine a absorbé, brûlé la vie humaine. La vie morale, comme la vie physique, n'est-elle pas une combustion? Le saint est celui qui n'existe plus : Dieu vit en lui. Qu'est-ce donc qui vous étonne dans le miracle ou dans l'extase? Dieu a pris la place de l'homme : voilà toute l'explication. La loi universelle, la loi de l'ascension s'est accomplie dans sa forme la plus haute. L'obstacle à l'action divine est dans la volonté de l'être sur qui l'action s'exerce et qui résiste librement. Aussi l'action de Dieu sur la nature inanimée est souveraine et absolue. Rien n'empêche le soleil de se lever et de se coucher, parce que, dans cette opération, Dieu agit seul et ne nous demande pas notre concours.

Mais, pour agir dans l'homme, Dieu demande à l'homme son aide. Si l'homme dit : *Non*, Dieu respecte son refus. Si l'homme dit : *Oui*, pourquoi défendez-vous à Dieu d'investir, d'embrasser, de couronner et de ceindre celui qui s'est placé dans son sein, dans son centre? Si Dieu a versé dans l'homme déifié son esprit, l'esprit de puissance, l'esprit qui fait les miracles, pourquoi lui refuserait-il les miracles eux-mêmes? Pourquoi l'effet serait-il plus étrange que la cause? Si vous avez changé votre vie contre la vie de Dieu, ce qui est une sorte d'extase permanente et insensible, pourquoi lui défendriez-vous de vous visiter à son tour par une sorte d'extase accidentelle et sensible? Si l'esprit de Dieu exerce en vous une action intérieure, pourquoi n'exercerait-il pas de temps en temps par vous une action extérieure?

La vie inférieure est tous les jours sous nos yeux absorbée par la vie supérieure, sans que nous songions à nous en étonner. L'herbe mange la terre, le mouton mange l'herbe; l'homme mange le mouton, la chair du mouton devient la chair de l'homme : nous trouvons cela tout simple. Nous voulons bien qu'il en soit ainsi, pourvu que Dieu reste à l'écart. Oui, mais il ne reste pas à l'écart : il aime trop sa création pour la tenir à distance. Il s'est introduit par la Rédemption dans la solidarité universelle. Il a créé pour avoir, a dit un saint, une occasion de mériter. Au lieu d'admirer cette effusion, les hommes s'en irritent. Ils se cabrent, ils se persuadent que la raison leur ordonne la révolte. Pourquoi donc se soumettent-ils à tous les autres mystères, tant que Dieu n'y figure pas nominativement ? Je crois avoir indiqué la solution du problème quand j'ai parlé de la haine que le néant révolté conçoit pour l'être, surtout pour les manifestations surnaturelles de l'Être.

Résumons-nous.

Puisque Dieu est, il est personnel. Puisqu'il a créé le monde, il le crée encore. Puisqu'il l'a voulu, il le veut, et l'univers ne subsiste qu'en vertu de sa parole continuée. Puisque Dieu a créé, il a pu créer ; puisqu'il a pu, il peut encore. Il a établi librement les lois du monde, donc il peut les suspendre librement. Il les suspend d'une façon digne de sa grandeur, quand il se donne à qui s'est donné à lui, quand il visite sensiblement ceux qui insensiblement passent leur vie dans son sein, et se substitue à eux dans l'acte extérieur et accidentel, comme ils l'ont substitué à lui dans leur vie intérieure et permanente.

Métaphysiquement, cela est possible.

Historiquement, cela est.

La négation historique est impossible. On ne l'entreprend pas, et on se borne à répéter : Assurément ce fait n'est pas, car il n'est pas possible. Nous voilà donc renvoyés à la négation métaphysique, et nous l'avons montrée comme elle est, gratuite et irrationnelle.

Certains hommes ont pour les saints cette haine curieuse à étudier, cette haine polie, mais profonde et intelligente : c'est qu'ils reconnaissent en eux celui qui les habite réellement, leur ennemi capital et personnel, Jésus-Christ.

Jésus-Christ, celui qui relie et aussi celui qui distingue; Jésus-Christ, *in quo omnia constant;* Jésus-Christ montre à leur place respective Dieu et l'homme, le fini et l'infini. Il est la lumière, et la lumière exclut la confusion.

Aussi la sophistique tend à effacer la notion du Verbe, et par là à effacer la distinction. La distinction des personnes divines, la distinction du fini et de l'infini, toutes les vérités précises, sauvegardées par la vérité du Verbe, déplaisent à la sophistique. Elle aime à confondre toutes choses dans un vague respect qui, portant sur tout, ne porte sur rien et exclut la foi, laquelle est *déterminée*. La sophistique parle de l'union, mais elle repousse le Saint-Esprit, qui est l'union substantielle. Elle parle de l'infini, mais elle veut l'infini moins Dieu, un infini qui réside dans la création, ou plutôt en elle-même : car elle est le principe et la fin de sa propre adoration.

Donc, en vérité, l'éclectisme, que je combats, contient la négation fondamentale, radicale, absolue de la religion.

Passons à la seconde négation.

CHAPITRE II

NÉGATION DE LA SOCIÉTÉ

Un trait caractéristique du christianisme, c'est sa connaissance profonde du cœur humain. Lui, qui est si fort, il connaît toutes nos faiblesses; il les a prévues. Découvrez à un saint le fond de vos misères, vous ne l'étonnerez jamais. Calme comme un être en qui Dieu vit, il comprendra vos agitations, à vous qui n'êtes qu'un homme, et le remède qu'il vous proposera sera toujours à la portée de vos bras faibles : il ne vous demandera pas l'impossible. Vous lui avez découvert l'abîme de votre néant. Il l'a sondé. Il a tenu compte de sa profondeur.

Découvrez-le maintenant à un sophiste (je ne dis pas à un philosophe), au lieu de regarder au fond, il argumentera au dehors. Il s'en tiendra à des généralités. Sa morale sera sans application. S'il vous propose un remède, le remède sera inacceptable. Dans aucun cas, vous ne tirerez de lui une parole réelle, vivante, pratique. Son intelligence aura peut-être été en rapport avec votre intelligence : vos deux âmes seront restées profondément étrangères.

En effet, le caractère propre de la sophistique, c'est l'ignorance profonde du cœur humain. Elle peut, nous en convenons, analyser avec une finesse incontestable les opérations de l'entendement; mais la vie lui glisse entre les mains, l'homme lui échappe. Peut-être cette nature si complexe, si chargée d'éléments multiples, ne se rend-elle qu'à la simplicité absolue. Peut-être cette âme surchargée, compliquée, obscure, veut-elle, pour devenir lisible, être regardée et déchiffrée par un œil simple. Quoi qu'il en soit, la sophistique ne s'aperçoit pas, à force d'ignorer l'homme, qu'elle nie la société.

Si quelque chose est évident dans la nature morale et dans la nature physique, dans l'histoire et dans la conscience de l'homme, c'est l'impossibilité radicale où se trouve chaque espèce et chaque individu de subsister par ses propres forces et de se nourrir de sa substance. Tout ce qui vit s'alimente. Toute nature créée s'assimile, sous peine de mort, une nature étrangère à la sienne et qui devient la sienne. La loi des corps est aussi la loi des âmes. La nutrition visible est l'image de l'autre nutrition. L'homme, puisqu'il est esprit et corps, a besoin de pain; il a besoin de l'Idée. L'Idée est l'aliment de son âme, comme le pain est l'aliment de son corps.

Anéantissez les moissons. Que la terre vous refuse subitement son fruit précieux; le règne de la mort arrive. Vous le comprenez, je pense. Comment donc ai-je besoin de vous prouver que vous fermez à l'humanité, et bien plus absolument, les sources de la vie, si vous lui arrachez l'autre pain? Car vous lui arrachez du même coup la vérité naturelle et la vérité surnaturelle; vous lui arrachez Dieu.

Vous lui arrachez la vie, et vous lui dites : Vivez.

Je crains de comprendre. Vous reconnaissez la nécessité de l'alimentation pour tout ce qui existe réellement. Vous ne supprimez pas la nourriture des corps, parce que vous croyez aux corps. Vous laissez quelque chose aux intelligences, l'exercice dans le vide, parce que vous ne les niez pas tout à fait. Vous supprimez la nourriture des âmes, parce que vous ne croyez pas aux âmes. Vous en parlez, je le sais. Mais vous en parlez comme vous parlez de Dieu.

La sophistique a une réponse toute prête, mais aussi mauvaise et aussi vulgaire que facile :

« Nous laissons au peuple la religion, et nous gardons pour nous la critique. »

Oui, un signe distinctif de cette philosophie, c'est l'absence totale de l'esprit de prosélytisme. « Ce monde, dit-elle, est un si curieux spectacle tel qu'il est, que la critique, quand elle en aurait le pouvoir, n'aurait peut-être pas le courage de le changer. »

Ainsi la critique ne voudrait pas faire à la vérité une place plus grande, tant il est amusant de la voir en occuper une si petite ! La critique ne voudrait pas guérir les malades ou éclairer les aveugles, car les malades et les aveugles sont vraiment curieux tels qu'ils sont...

Mais alors pourquoi donc travaillez-vous? Si vous disiez la vérité, vous risqueriez d'agrandir sa place. Vous devez cependant aux autres et à vous-même de croire que vous la dites; dès lors vous risquez de modifier cet état de choses, si joli qu'il ne faut pas l'améliorer.

*
* *

Pour donner une idée exacte de cette étrange école et de l'état mental qu'elle dénote, il est indispensable de l'entendre parler elle-même par la voix de l'un de ses chefs. Prenons l'un d'eux, M. Renan : *Ab uno disce omnes*, et citons çà et là quelques passages de lui. Ce sont ceux que l'on verra guillemetés dans les pages qui suivent.

« On s'est habitué, dans la critique moderne, à présenter comme une des qualités de l'esprit français cette rigueur de logique en vertu de laquelle les théories ne restent jamais chez nous à l'état de spéculation, et aspirent très vite à se traduire dans les faits. C'est là sans doute un des traits de l'esprit français; mais j'hésite beaucoup, pour ma part, à y voir une qualité. Il n'est pas de plus grand obstacle à la liberté de la pensée. En Allemagne, au contraire, la pensée naît inoffensive, étrangère aux choses de ce monde... Elle ne demande que le royaume de l'air : on le lui abandonne. « Si vos théories sont « vraies, me dira-t-on, elles doivent être « bonnes à appliquer. » Oui, si l'humanité en était digne et capable. La théorie est toujours un idéal. Il sera temps de la réaliser le jour où il n'y aura plus dans le monde de sots ni de méchants. »

Ainsi, tant qu'il y aura dans le monde des sots et des méchants, ceux qui ne seront ni méchants ni sots auront néanmoins la permission d'agir comme s'ils l'étaient. Vous êtes honnête, vous êtes intelligent, vous connaissez la vérité, vous l'aimez, vous pourriez la servir, mais vous dites : A quoi bon? Il y a encore des méchants et des sots dans le monde; donc imitons-les.

Mais il y a aussi des menteurs; donc vous n'êtes pas tenu à la bonne foi. Il y a même des voleurs et des assassins ; donc, etc. etc.

Il est vrai qu'ailleurs le même philosophe nous déclare que la critique ne doit pas reculer devant la crainte d'ébranler le christianisme, et félicite les premiers chrétiens de n'avoir pas reculé devant la crainte d'ébranler le paganisme.

Ces deux manières de voir se concilieront entre elles comme elles pourront.

S'il faut nous attacher à la première doctrine, à celle qui interdit le prosélytisme, je vous répondrai : Vos lecteurs vous demanderont-ils la permission de vous croire ? Vous écrivez pour n'être pas cru ; vous exposez des théories que vous trouvez dangereuses, et vous vous rassurez en pensant qu'on ne les adoptera pas.

Mais si par hasard on les adoptait ?

Ah ! si on les adoptait, vous seriez avec nous victime de votre imprudence. Il ne serait plus temps de vous repentir. Paris, la France et le monde écriraient dans leurs ruines une vérité que j'annonce, avant que la cloche n'ait sonné l'universelle agonie : *Le peuple est sérieux, si les sophistes ne le sont pas.*

Un homme d'esprit se met à table. Il rédige quelques phrases dont il est content. Elles sont bien faites, elles ont du succès. Dans ces phrases, il nie agréablement la différence du bien et du mal. Il offense la raison et la conscience. Le monde est léger : l'homme d'esprit le savait. Le livre fait son chemin. Il a d'abord amusé les gens de lettres : il n'était écrit que dans ce but. Mais un jour vient où le peuple l'ouvre, le peuple qui se mêle de tout et qui prend tout au sérieux. Votre voix a plus de portée que vous ne l'aviez cru ; elle arrive au peuple malgré vous. Il vous écoute, et peut-être il vous croit, car ses passions le lui conseillent. Vous êtes perdu alors, et vous reconnaissez trop tard ce que je vous annonce d'avance, appuyé sur l'histoire des idées et sur celle des faits : *Le peuple est sérieux, si les sophistes ne le sont pas.*

Vous faites devant lui l'apologie du mal dans une page que je veux transcrire :

« Beau comme toutes les créatures nobles, plus malheureux que méchant, le Satan de M. Scheffer signale le dernier effort de l'art pour rompre avec le dualisme et attribuer le mal à la même source que le bien, au cœur de l'homme...

« De tous les êtres autrefois maudits, que la *tolérance* de notre siècle a relevés de leur anathème, *Satan est sans contredit celui qui a le plus gagné au progrès des lumières* et de l'universelle civilisation. Il s'est adouci peu à peu dans son long voyage, depuis la Perse jusqu'à nous ; il a dépouillé toute sa méchanceté d'Ahrimane. Le moyen âge, qui n'entendait rien à la tolérance, le fit à plaisir laid, méchant, torturé, et, pour comble de disgrâce, ridicule. Milton comprit enfin ce pauvre calomnié, et commença la métamorphose que la haute impartialité de notre temps devait achever. Un siècle aussi fécond que le nôtre en réhabilitations de toutes sortes ne pouvait manquer de raisons pour excuser un révolutionnaire malheureux, que le besoin d'action jeta dans des entreprises hasardées. On pourrait faire valoir, pour atténuer sa faute, une foule de motifs contre lesquels nous n'aurions pas le droit d'être sévères.

« ... Il (le Satan de Scheffer) a perdu ses cornes et ses griffes ; il n'a gardé que ses ailes, appendice qui seul le rattache encore au monde surnaturel, et ne semble conservé que pour faire ressortir le triomphe de la forme humaine pure, représentée par le Christ, sur la forme hybride de l'être mythologique. Il manque de vigueur peut-être, et je m'en réjouis. Permis au moyen âge, qui vivait continuellement en présence du mal, fort, armé, crénelé, de lui porter cette haine implacable qui se traduisait dans l'art par une sombre énergie. Nous sommes obligés aujourd'hui à moins de rigueur. On nous reproche parfois notre optimisme en esthétique; on nous blâme de n'être pas plus sévères pour le mal, plus exclusifs dans notre goût de la beauté. Mais, en réalité, c'est là une délicatesse de conscience. C'est par amour du bien et du beau que nous sommes si timides, parfois si faibles dans nos jugements moraux. Les siècles absolus tranchaient, fauchaient un champ pour en arracher l'ivraie. Nous, qui respectons l'étincelle divine partout où elle reluit, et qui, habitués à une manière plus étendue d'envisager les choses humaines, savons que le bien et le mal se mêlent ici-bas dans des proportions indiscernables, nous hésitons à prononcer des arrêts exclusifs, de peur d'envelopper dans notre condamnation quelque atome de beauté. »

Elle était nécessaire, cette longue citation. Nous n'aurions jamais compris sans elle l'étendue de notre tolérance et de notre impartialité. Voici cette pensée traduite dans un style plus clair : Il y a du bon et du mauvais partout, dans chaque personne, dans chaque chose, et bien audacieux sera celui qui tracera entre ces deux principes, puisqu'on parle de deux principes, une ligne de démarcation. Satan se révolte contre Dieu : Satan a-t-il tort ? Ne serait-ce pas un acte de noble indépendance ? Ne représente-t-il pas l'affranchissement des opprimés ? Dieu n'est-il pas un tyran ? Le moyen âge pouvait donner raison à Dieu. Mais nous, qui avons fait la déclaration des droits de l'homme, n'avons-nous pas le droit de maudire ce maître, au nom de la fraternité moderne, et de réhabiliter celui qui nous a donné l'exemple, le premier-né entre les révoltés, notre chef, notre vrai Dieu, Satan, qui a levé avant nous l'étendard que nous portons ? Le jour est venu où ce *pauvre calomnié* reprend ses droits aux respects des hommes.

Approchez donc aussi, vous tous, ses enfants, ses disciples. Nous vous ferons une place dans notre admiration... Mais pourquoi le crime ne serait-il beau que dans le passé? Pourquoi perdrait-il, dans les temps modernes, sa splendeur? Pourquoi le XIXe siècle, qui, dans sa haute impartialité, le réhabilite, le repousserait-il de son sein avec une intolérance digne de ce siècle aveugle et barbare où le manteau de saint François montait avec Élisabeth sur le trône de Hongrie? Non, non, nous avons l'esprit large.

Place aux révoltés! Place aux assassins! Honneur à la mort! son jour est arrivé. Vous tous qui, animés de la haine universelle, voulez la ruine universelle, la ruine de Dieu, la ruine de l'homme, la ruine de la société, venez, fils de Satan! les sophistes vous convoquent. Et s'ils sont plus logiques dans leurs actes que dans leurs paroles, ils feront place à vos fureurs, comme ils ont fait place à vos théories; car, en vous condamnant, ils envelopperaient peut-être dans cette condamnation *quelque atome de beauté*. Venez donc, et puisque nous avons l'esprit large, dévorez-nous.

Les siècles de chevalerie, les siècles d'enthousiasme suivaient saint Bernard sur la montagne, Godefroy de Bouillon à Jérusalem, et allaient, la croix en tête, faire la veillée des armes près du saint sépulcre reconquis. Mais les siècles de critique, les siècles de tolérance, n'accordent plus à la société le droit de se défendre ; car qui sait si, tout compte fait, les agresseurs n'ont pas aussi leurs bonnes raisons dont il faut tenir compte ? Rien n'est absolument vrai, rien n'est absolument faux. On veut nous massacrer. Mais, après tout, ces fils de Satan ont autant de droits que leur père. Comme lui, ils ont leur beauté, si nous avons la nôtre. Il y a du pour et du contre : tous sont égaux devant le néant.

Étrange société que celle qui serait régie par la sophistique ! Voudriez-vous en faire partie ? Le passant, attaqué dans la rue, demande secours à la force armée, qui répond : « Non pas ! mon intervention était bonne au moyen âge. Désormais, entre l'assassin et la victime je suis impartiale. D'ailleurs ce monde est un si curieux spectacle et votre supplice est si amusant à regarder, que je ne me priverais pas volontiers de ce plaisir délicat. »

Rien n'est triste comme le délire. Pourtant il amène quelquefois des combinaisons de mots si étranges, que les spectateurs sourient quelquefois malgré eux en écoutant le malade. C'est ce qui vient de nous arriver.

Voilà donc où vous allez au nom de la raison ! Entre l'être et le néant, entre la société et la barbarie, à force d'impartialité, vous tenez la balance égale ! Triomphez, si vous l'osez, vous ne survivrez pas à votre triomphe. Du reste, je l'espère comme vous, vous resterez dans votre solitude. L'humanité ne vivra pas de vous. Car, pour vivre, il lui faut quelque chose, et vous lui offrez le rien, dont elle a horreur. Il lui faut le pain et l'Idée : vous ne lui apportez ni le pain ni l'Idée. L'humanité veut vivre, et votre critique, c'est la mort.

Il est vrai que vous prenez en pitié le besoin de vivre. C'est une grossièreté digne du bas peuple auquel vous permettez la certitude, parce qu'il n'est pas assez fin, assez distingué pour se passer d'elle. Ce bonheur est réservé aux esprits délicats. Ceux-ci cherchent toujours la vérité, avec l'intention de ne la trouver jamais. Et où est-elle, cette vérité, que les plus fins chercheurs ne trouveront jamais? Où est-elle, cette vérité qui n'est pas? La critique moderne va vous le dire : *La vérité est tout entière dans les nuances.*

Dans quelles nuances, s'il vous plaît? Dieu détruit, l'homme détruit, la société détruite, quand rien ne s'appuie plus sur rien, quand la vie n'a plus de fondements, quand ce qui est n'a plus sa raison d'être, quand l'univers *est le cauchemar d'une divinité malade* (vous auriez dû dire d'une divinité chimérique), la vérité naturelle et la vérité surnaturelle disparues, toute idée éteinte, toute chose anéantie, dans quelles nuances trouverons-nous cette vérité, — introuvable pour deux raisons : d'abord parce qu'elle n'est pas, ensuite parce que, fût-elle, nous voudrions la chercher toujours et ne la trouver jamais?

Les nuances de la pensée supposent une affirmation générale qui leur serve de fond, de support. Mais, puisque vous n'affirmez rien, que veulent dire ces nuances qui sont les nuances du néant? O Dieu! où en sommes-nous? La tête tourne au fond de cet abîme, et quand on l'a exploré un instant pour en mesurer la profondeur, il est temps de se dégager et de se tourner vers la lumière.

Le peuple a besoin de Dieu, dites-vous? Pourquoi donc, si Dieu n'est pas? L'erreur, c'est le néant. Si Dieu est le néant, comment le peuple a-t-il besoin de lui? Et s'il est l'Être, comment, vous, n'en avez-vous pas besoin? Est-ce qu'il y a dans le monde des êtres si délicats, que leur délicatesse leur tienne lieu de pain? Donnez-nous donc le secret de cette délicatesse, qui déguste éternellement les nuances d'une vérité éternellement inconnue et absolument chimérique! L'homme est vivant. Il a faim, il a soif. Que voulez-vous qu'il fasse de votre rien?

Chose remarquable! la sophistique, parce qu'elle a perdu le sens du vrai, dédaigne ceux qui l'ont gardé; et comme elle n'a plus la force de porter Dieu, elle méprise ceux qui le portent encore. Il semble voir un mourant, qui, incapable de recevoir aucune nourriture, dédaignerait dans son délire l'infirmier qui le soigne, et lui dirait : « Vous êtes donc bien faible, vous qui avez besoin de manger? »

Les nuances délicates ont deux avantages : d'abord elles font illusion aux esprits faibles qui pensent que cette doctrine est quelque chose puisqu'elle est délicate, et qu'elle contient quelque chose puisqu'elle contient tant de nuances; ensuite elle donne à la critique les apparences du calme et de la modération. Un homme qui tient la balance égale entre toutes choses peut sembler à quelques-uns dominer toutes choses : on ne s'aperçoit pas toujours que l'impartialité entre la vérité et l'erreur est le plus radical de tous les non-sens.

Cette doctrine pourrait se caractériser ainsi : *une apologie délicate et finement nuancée du néant.*

La modération est une précaution oratoire. Elle cache un profond mépris pour la faiblesse de ceux qui l'obligent à être modérée. Elle a pour les préjugés une pitié douce; mais ne vous fiez pas à sa douceur.

La traduction pratique et sociale d'une telle doctrine serait la destruction de tout ce qui existe. Car rien n'existe qu'en vertu d'une préférence accordée à l'être sur le néant.

Comme la religion, la société est une affirmation vivante de l'Être ; et si Satan a les mêmes droits que Dieu, toutes deux sont également impossibles.

Après les négations de la religion et de la société, écoutons la négation de la science.

CHAPITRE III

NÉGATION DE LA SCIENCE

Le christianisme a relevé la raison humaine, le XVIIIe siècle l'a déracinée. Voltaire a passé sur la France. Il l'a souillée de son venin. Son règne finit, il est vrai. L'humanité le maudit, la science se moque de lui, l'art le repousse, et pourtant la queue du serpent s'agite encore au milieu de nous. Le XIXe siècle est une armée en marche. Mais toute armée a son arrière-garde.

La raison est la lumière humaine. La science est le développement de la raison. Or je déclare que la science est radicalement niée par la critique moderne, et je vais le prouver.

La science est le développement de la raison, la synthèse de nos connaissances. Or tout développement suppose un germe. Toute route suppose un départ. Tout progrès suppose un premier pas. Toute science est comprise dans l'idée *être*. Toute la philosophie est dans le mot *substance*, la substance éternelle, sans laquelle toutes les substances seraient éternellement impossibles. M. Renan sape ce fondement : il ôte la première pierre et parle de construire un édifice.

Aussi, réduit à l'impuissance d'affirmer, puisqu'il est privé de la grande affirmation, principe et fin de toutes les autres, l'affirmation de l'Être, il ne peut plus que répéter sa première négation, qui contient toutes les autres, la multiplier, la reproduire sous mille formes, la diviser en mille négations partielles, appeler les négations de faits, les négations de détails, les négations d'analyse, au secours de la négation synthétique qui est la base de son système, de sa doctrine. — Pour la caractériser, cette doctrine, à laquelle aucun mot connu ne convient, parce que tous les mots tendent à exprimer l'être, et que cette doctrine tend à le nier, il faut créer un mot aussi affreux que la chose, un mot qui ne dise rien, un mot qui signifie le rien; ce mot serait: nihilismo.

Dieu et la société supprimés, le bien et le mal confondus, le vrai et le faux, qui ne sont que le bien et le mal dans leur principe, sont naturellement confondus. Si le vrai et le faux sont identiques ou seulement indifférents à l'homme, que devient la science, qui n'existe qu'à la condition de distinguer l'un de l'autre et de préférer l'un à l'autre?

Dieu est le support de la science, comme il est le support de la création. *Omnia in ipso constant*, le monde idéal et le monde réel. Tous les êtres visibles et invisibles peuvent répéter la parole de l'Apôtre: *In ipso vivimus, movemur et sumus*. Tous les verbes sont l'écho du verbe *être*: toutes les pensées sont l'écho de la pensée par laquelle l'homme pense l'être. Si vous voulez l'édifice solide, donnez-lui un fondement inébranlable.

Un inexplicable préjugé, qui est né de l'ignorance, qui s'appuie sur l'ignorance, qui grandit par l'ignorance, attache l'idée de progrès à l'idée de négation. On dirait, à entendre certains hommes, que l'affirmation est un mouvement rétrograde, et que l'avenir est à ceux qui ne croient plus à rien. S'il y a pourtant au monde une vérité évidente et d'une évidence niaise, c'est que le progrès est le développement des principes connus et non leur oubli, que le progrès est l'expansion de la vie et non la mort. Cependant voyez le nihilisme ! Il marche le front haut, comme s'il était maître du monde.

On dirait, à le voir, que l'Être était le Dieu du passé, mais que le néant sera le Dieu de l'avenir.

Le XVIIIe siècle a déraciné la raison : les principes les plus élémentaires du sens commun ressemblent aujourd'hui à des paradoxes. La pensée chancelante a besoin d'efforts pour se tenir debout sur sa base.

*
* *

La doctrine opposée au nihilisme, c'est la doctrine de l'Être. Entre ces deux doctrines se place le psychologisme.

Il y a une science des lois de l'Être. Elle place le point de départ de la pensée là où est le point de départ de toute chose. Elle donne la première place à la première idée ; elle construit sur la pierre angulaire de toute construction ; elle pose la science sur l'inébranlable ; et, ainsi posée, la science pourra marcher sans inquiétude. Elle ne se retournera plus à chaque pas pour regarder, tremblante, derrière elle. Les principes sont assurés, et voilà la loi de tout progrès.

Les esprits faibles débutent par la psychologie. Ceux-ci, au lieu d'étudier avant tout l'être, étudient avant tout l'homme ; au lieu d'asseoir la science sur Dieu, l'asseoient sur eux-mêmes. Je ne nie pas l'intérêt de leurs travaux et la somme de vérité qu'il leur est permis de voir ou d'entrevoir : je dis seulement que, si ma vue ne me trompe pas, le psychologisme est un pas fait par l'homme pour s'éloigner de l'Être et s'approcher du néant. Toutes les paroles sont l'écho de la première parole, et la somme d'être que possède la science se mesure à la somme d'être que possède son point de départ.

Descartes, comme tous les chefs d'école,

est un esprit vigoureux mais étroit, qui s'appuie sur une formule. L'école cartésienne, que nous avons sous les yeux, représentée par des hommes, lesquels se croient des hommes de progrès, a reculé de plusieurs siècles la pensée humaine. Ils seront étonnés le jour où ils comprendront que la devise qui flotte sur leur bannière, la devise de la pensée moderne, de la pensée affranchie, de la pensée hardie, est le mot d'ordre de la timidité, de la routine, le point d'arrêt qui a tenu l'idée en suspens pendant trois siècles. Le *cogito ergo sum* est en retard sur la philosophie qui l'a précédé, puisque celle-ci partait de Dieu et que celui-là part de l'homme. Or, je le demande, où est la liberté, où est la grandeur, où est la source de l'être, et par conséquent du progrès, sinon dans l'Être ?

Serait-il le père du progrès celui qui, possédant un levier pour soulever le monde, briserait l'instrument que lui ont légué ses pères et restreindrait sa puissance à la force de son bras ?

Non in arcu meo sperabo, et gladius meus non salvabit me, disent à la fois l'homme et la science.

Qu'on le sache bien, nul n'a le droit de rester indifférent aux idées ; elles n'ont pas besoin pour être importantes d'être traduites en faits extérieurs et écrites dans l'histoire de ce monde. Néanmoins cette consécration dernière ne leur manque jamais. L'espoir de certains philosophes, qui voudraient placer la théorie dans un lieu inaccessible et la soustraire à toute tentative de réalisation, trahit l'erreur profonde d'esprits exercés, mais égarés. Isoler la science de la vie, c'est méconnaître pleinement la nature de la science et de la vie. Elles se rejoindront malgré eux. Les années ne sont pas logiques peut-être, les siècles le sont toujours, et si nous échappons aux conséquences, bonnes ou mauvaises, d'une doctrine, c'est que nous aurons échappé à cette doctrine elle-même.

Démembrez l'espèce humaine ; créez certains hommes qui n'aient que des têtes, et certains autres qui n'aient que des bras : peut-être les têtes ne feront-elles que penser ; mais, tant que vous n'aurez pas modifié ainsi la création, il faut vous résoudre à voir les hommes se précipiter là où l'enseignement de leurs docteurs leur aura montré un attrait quelconque. La réalisation de vos souhaits détruirait la société, nous l'avons dit: mais, sachez-le, elle détruirait aussi la science. La science est une force qui ne trouve pas en elle-même sa satisfaction. L'homme qui sait qu'une chose doit être désire invinciblement qu'elle soit. On tue la science en lui arrachant son principe et sa fin dernière, qui est la vérité; on la tue une seconde fois en ne voulant pas qu'elle se tourne, comme dit Bossuet, à aimer et à agir.

Je sais bien que quelques esprits aiment la recherche pour elle-même, et craindraient de trouver, — parce que, pensent-ils, quand on a trouvé on ne cherche plus. Ils ignorent que la vérité, infiniment profonde, réserve aux vrais chercheurs de telles lumières, que plus l'homme la cherche plus il la trouve, et plus il la trouve plus il la cherche. Que restera-t-il donc à cette science vaine et stérile qui n'aura ni principe ni fin, et qui sera frappée, au point de départ, d'une impuissance absolue d'arriver?

Autre citation:
« Il est en un sens plus important de savoir ce que l'esprit humain a pensé sur un

problème, que d'avoir un avis sur ce problème; car, lors même que la question est insoluble, le travail de l'esprit humain pour la résoudre constitue un fait expérimental qui a toujours son intérêt, et, en supposant que la philosophie soit condamnée à n'être jamais qu'un éternel et vain effort pour définir l'Infini, on ne peut nier du moins qu'il n'y ait là pour les esprits curieux un spectacle digne d'attention. »

Il faut prendre note de cet aveu. Souvenons-nous, à ce propos, que le rationalisme affecte de prendre contre le christianisme la défense de la science et de la philosophie. Il accuse quelquefois l'Évangile d'être contraire à la raison. Pris en lui-même et considéré théoriquement, ce reproche est vide de sens, il ne représente rien à l'esprit. Craindre que la foi ne soit incompatible avec la raison, c'est craindre que la lumière ne fasse schisme avec elle-même, et que la vérité ne se contredise. Cette incompatibilité est un non-sens; elle est inintelligible; elle ne peut pas être pensée.

A la lumière de la pensée, cette crainte est absurde. Considérons-la à la lumière de l'histoire.

Qui donc, du christianisme ou de la sophistique, a estimé l'homme et sa légitime raison ? Le christianisme a élevé tous les grands monuments philosophiques qui ont vu le jour depuis dix-huit siècles. Les sciences physiques l'ont attendu pour naître, comme si elles avaient eu peur de livrer à l'homme la clef de la nature avant l'apparition humaine du Créateur, qui a livré à saint Pierre la clef du ciel. Le christianisme compte parmi ses enfants saint Denys, saint Anselme, saint Thomas, et tant de grands inconnus qui ont agi sans se montrer, qui ont vivifié le monde sans lui permettre de les apercevoir, comme la sève invisible qui fait la beauté des fleurs et la douceur des fruits. Le christianisme c'est l'union hypostatique elle-même, c'est le Verbe uni à la nature de l'homme. Donc la raison divine ne réside pas seule dans nos tabernacles ; la raison humaine est sur l'autel catholique, en tant qu'elle est la raison de l'Homme-Dieu.

Voilà la conduite du christianisme vis-à-vis de notre intelligence. Il l'emploie, il la dirige, il la consacre, il la touche de ses mains divines ; il l'illumine de ses regards divins. Voulez-vous savoir maintenant comment la sophistique traite cette même raison, comment elle traite la philosophie? Ce n'est pas moi qui vous le dis, c'est elle-même; je ne commente pas, je cite : « En supposant que la philosophie soit condamnée à n'être jamais qu'un éternel et vain effort pour définir l'infini... »

Voilà les deux places qui sont offertes à la raison : choisissez au nom de Dieu, ou choisissez comme le veulent les sophistes.

Que vous restera-t-il si vous choisissez d'après la sophistique? La recherche stérile, désespérée, absurde de l'introuvable, la critique isolée. Mais la critique, cette dernière vivante, est-elle au moins assurée de sa vie? Non; elle périra sous ses propres coups. Écoutez-la elle-même : « Qui sait, dit-elle, qui sait si la finesse d'esprit ne consiste pas à s'abstenir de conclure? »

Elle a donc perdu même le droit de conclure, cette souveraine isolée et désolée d'un monde où il n'y a plus rien, cette reine du vide! Elle ne peut que raconter. Voilà le pouvoir unique que lui laissent ses glorificateurs! La critique n'a sa raison d'être que là où il y a quelque chose à critiquer.

Mais quand la *finesse d'esprit* a chassé toute conclusion, quand le vrai et le faux sont devenus indifférents, aussi curieux, mais aussi inutiles l'un que l'autre, la critique n'a plus que faire de son discernement, de sa sagacité, de sa profondeur. Il faut que la société ait encore une croyance, il faut au moins qu'elle en cherche une, avec l'espoir de la trouver, pour que le critique ait encore un travail, un but, une mission. Mais s'il renonce même à discerner (κρίνειν), s'il se borne à détruire, s'il n'ose pas conclure, le jour où il aura réussi il deviendra lui-même aussi inutile, aussi impossible que ses victimes. Le jour où il aura tout détruit, il ne lui restera plus qu'à terminer par un suicide l'universelle destruction. Il a ouvert les cataractes, tout a été submergé. Le critique voguera quelque temps dans l'arche qu'il se sera construite, puis les eaux grandiront et enseveliront bientôt avec le reste du monde l'unique et solitaire nautonier de l'abîme !

Arrivée là, la parole, qui se refuse à elle-même le droit de rien savoir, de rien croire, de rien affirmer, doit, comme l'idée, s'abîmer dans le néant. Mais alors la contradiction vient à son secours.

Si le nihilisme ne se contredisait pas, si cette ressource lui était enlevée, il ne pourrait ni penser ni parler. Mais la nature le soutient, comme dit Pascal, et l'oblige à affirmer quelquefois malgré lui. Ainsi, se contredisant à toute heure, la sophistique contemporaine parle-t-elle de la nécessité où nous sommes de connaître la vérité presque aussi souvent que de la nécessité où nous sommes de ne la connaître pas.

Elle blâme ceux qui détruisent les religions établies; elle blâme ceux qui les respectent et sacrifient à un vain scrupule les intérêts de la vérité.

Quelle vérité, s'il vous plaît?

Tantôt le même critique parle d'elle comme s'il la connaissait, tantôt comme s'il ne la connaissait pas, tantôt comme s'il était impossible de la connaître, tantôt comme si elle n'était pas.

Qu'on arrête un instant son regard sur cette mosaïque de contradiction.

Tantôt il dit : *La critique ne détruit pas*

l'admiration, elle la déplace. En ce moment il se regarde comme possesseur de la vérité.

Tantôt il répond avec Mahomet : « L'âme est une chose dont la connaissance est réservée à Dieu. Il n'est donné à l'homme de posséder qu'une bien faible lueur de science. » Ici le critique se regarde comme ne possédant pas la vérité, mais semble croire qu'elle existe.

Ailleurs : *Si le monde est le cauchemar d'une divinité malade.* En ce cas, la vérité n'existe plus.

Dans un autre endroit : « Le critique, exclusivement occupé de la vérité, est rassuré d'ailleurs sur les conséquences, parce que les résultats de ses recherches ne pénètrent pas dans les régions où les illusions sont nécessaires. » Ici la vérité existe ; mais heureusement elle est ignorée ; car, si elle était connue, elle serait fatale à la société.

Tantôt les religions sont pour lui la forme la plus respectable de la pensée. « La civilisation a des intermittences, dit-il ; la religion n'en a pas. » Tantôt il affirme que l'Europe doit propager son dogme, *qui est la civilisation.* Il n'y a donc plus de dogme en dehors de la civilisation? Que deviennent ces religions qui tout à l'heure n'avaient pas d'intermittences, tandis que la civilisation en avait?

Enfin quelquefois il lève le masque et montre le visage de Proudhon. Par exemple, après avoir discuté les origines de l'islamisme, il ajoute :

« J'ai longtemps insisté sur l'infirmité native de l'islamisme. Il y aurait injustice à ne pas ajouter qu'aucune religion et aucune institution ne résisterait à l'épreuve que nous pouvons faire subir à celle-ci. »

Et cependant il semble professer pour *les religions,* si fausses qu'elles soient, un respect inexplicable dans son esprit.

La logique accompagne et récompense naturellement la vérité. Elle déroule sans effort les anneaux de la grande chaîne. L'erreur est naturellement contradictoire. Ayant le faux pour principe et pour fin, tantôt elle entre courageusement dans les conséquences de ses principes, tantôt recule devant elles et se cache derrière les mots.

Dans le premier chapitre de ce travail,

j'ai montré la négation pure et simple de la religion. J'ai réservé les contradictions relatives à cette négation au troisième chapitre, au chapitre de la science, parce qu'elles constituent un attentat contre les lois essentielles de la raison. Mais c'est surtout sous la pression du christianisme que les philosophes semblent en proie à je ne sais quelle fièvre. Quelquefois Jésus-Christ leur semble presque avoir mérité la mort.

« L'intérêt de la pureté religieuse de l'histoire exige de répéter sous toutes les formes que l'école chrétienne n'est nullement acceptable, quand elle a ramené ce qui regarde le conseil suprême des Juifs, dans ce conflit solennel, à une question de basse jalousie, à une affaire de tribunal, quand elle a accablé la nation juive, à qui elle devait la naissance et dont elle s'appropriait les plus beaux ornements, sous prétexte du crime volontaire que ses Anciens auraient commis en prononçant contre Jésus un arrêt qui avait été annoncé d'avance et provoqué par toute la théorie du Maître sur l'accomplissement des Écritures. »

Ces paroles sont de M. Salvador: et beaucoup les citent avec une complaisance qui équivaut, dans leur bouche, à l'approbation. « A l'en croire, ajoute-t-il, le sanhédrin n'aurait fait qu'appliquer les lois existantes. Jésus lui-même avait cherché la mort, et dès qu'on ne l'envisageait que comme citoyen (tel devait être nécessairement le point de vue des Juifs), il la méritait... Pour nous, Dieu nous garde d'émettre sur une telle question un autre avis que celui de Jésus lui-même : il fallait que le Fils de l'homme mourût. Sans cela, il n'eût pas représenté l'idéal du sage, odieux aux superstitieux comme aux politiques, et payant de sa vie sa beauté morale. Une mort vulgaire pour couronner la vie de Jésus ! quel blasphème ! Quant à rechercher ce qui se passa dans l'âme de ceux qui le condamnèrent, c'est là une question vaine et stérile, lors même qu'elle ne serait pas insoluble. Qui sait s'il est digne d'amour ou de haine ? Qui peut bien analyser ce qui se passe au fond de son cœur ? Celui qui dit, comme Caïphe : *Expedit unum hominem mori pro populo*[1], est certes un détestable

---

[1] « Il est expédient qu'un homme seul meure pour le peuple. »

politique, et pourtant, chose triste à dire ! ce peut être un honnête homme. »

Ces paroles élégantes et obliques, qui se traînent en spirales, découvrent la pensée de leur auteur tout en la cachant dans leurs replis.

Mais tout à coup Jésus-Christ lui apparaît immense. Il approuve le saint qui peignait à genoux la face du Verbe fait chair, et, dans un transport vraiment étrange, il écrit ces belles paroles :

« Sorti d'un petit canton très exclusif quant à la nationalité et très provincial quant à l'esprit, il est devenu l'idéal universel : Athènes et Rome l'adoptèrent ; les barbares tombèrent à ses pieds, et aujourd'hui encore le rationalisme n'ose le regarder un peu fixement qu'à genoux devant lui. »

Glorieusement vaincu par la vérité, M. Renan vient d'avouer que Jésus-Christ n'a payé aucun tribut ni à une nation ni à une époque ; mais tout à coup, revenu à lui-même, il ajoute :

« Dans le Christ évangélique une partie mourra ; c'est la forme locale et nationale, c'est le Juif, c'est le Galiléen ; mais une part restera, c'est le grand maître de la morale. Le thaumaturge et le prophète mourront; l'homme et le sage resteront. »

Et ce sont deux passages d'un même chapitre.

Ce Jésus mystérieux, contre qui les coups n'ont pas de prise, excite chez certains esprits une colère qui change à chaque instant de forme et de couleur, une colère mouvante : et quel hommage que cette colère! Ce Jésus inexplicable irrite : quel plaisir, s'il était possible de le nier tout à fait! Du moins faut-il n'en pas tenir compte; car, après tout, l'inexplicable est simplement l'inexpliqué.

« Certes, dit le même auteur, il faut désespérer d'arriver jamais à la complète intelligence d'apparitions surprenantes, que le manque de documents bien plus encore que leur nature mystérieuse couvrira pour nous d'une éternelle obscurité. Dans la solution des problèmes d'un ordre aussi élevé, l'hypothèse surnaturelle et les hypothèses naturelles trop simples, celles du XVIII° siècle, par exemple, où tout est réduit aux proportions ordinaires d'un fait d'imposture ou de crédulité, doivent être également rejetées.

On me proposerait une analyse définitive de Jésus, au delà de laquelle il n'y aurait plus rien à chercher, que je la récuserais. Sa clarté serait la meilleure preuve de son insuffisance. L'essentiel n'est pas ici de tout expliquer, mais de se convaincre qu'avec plus de renseignements tout serait explicable. »

Cherchons la pensée; dépouillons-la des mots. Que trouvons-nous? Nous trouvons l'intention bien arrêtée de chercher toujours et de ne savoir jamais.

En effet, en face d'un phénomène mystérieux il faut de deux choses l'une : lui attribuer une cause surnaturelle, ou lui chercher une explication naturelle. L'auteur repousse ces deux procédés; il repousse la cause surnaturelle gratuitement, sans motif, sans discussion; il l'écarte parce qu'il l'écarte, et quant à la cause naturelle, il l'écarte encore, parce que l'admettre ce serait conclure, ce serait manquer au devoir qu'impose *la finesse d'esprit;* enfin et surtout, parce qu'admettre une explication ce serait se soumettre soi-même à la critique. « On me proposerait une analyse définitive de

Jésus que je la récuserais. » Pourquoi donc? Comment! vous déclarez qu'il y a une explication naturelle, et vous en rejetez une qui semblerait bonne, par cela seul qu'elle serait claire! Cette explication est donc condamnée à être obscure? Mais si l'on vous en présente une qui soit obscure, vous la rejetterez parce qu'elle est obscure. Par ce procédé très habile, vous renverrez les esprits à une explication naturelle qui n'est pas encore venue, qui ne viendra jamais, et qui aura ainsi sur toutes les autres l'avantage de ne pouvoir être jugée, puisqu'elle sera toujours dans l'avenir et toujours dans l'inconnu. Si vous proposiez vous-même votre explication, nous sentirions l'insuffisance de cette explication, comme des autres. Car toute explication naturelle de Jésus est une explication qui n'explique rien. Mais cette explication inconnue, dont vous affirmez l'existence sans la prouver, échappe à la discussion. Elle vous permet de vous passer de Dieu, et vous dispense de dire comment vous faites pour vous en passer.

※
※ ※

Au point de vue de la science historique, examinons la situation que l'athéisme nous fait vis-à-vis du miracle.

L'histoire nous offre une série de faits surnaturels. Nous, qui les admettons, nous leur faisons leur place. Ils ne dérangent en rien les sciences naturelles. Ils les dominent, ils ne les détruisent pas.

Une guérison miraculeuse ne contient aucune négation de la médecine. Ce sont deux applications différentes de la force qui guérit. L'une est conforme à l'ordre naturel; l'autre ne l'est pas. Voilà toute la différence. Immatérielle en elle-même dans les deux cas, cette force agit pourtant sur la matière. Que la prière ou le pain empêche un homme de mourir, le mystère qui le ramène à la vie est dans les deux cas immatériel, comme la vie vers laquelle il revient, comme la loi qui ordonne ce retour. Le pain matériel exécute une loi qui n'est pas matérielle. La vie est l'action de la forme sur la matière. Ce n'est donc jamais dans la matière même qu'il faut chercher la cause de la vie ou celle de la mort. Il ne faut lui demander aucun secret. Elle n'est que l'occasion manifestatrice de la vie. La matière est un instrument qui prête son secours à l'harmonie : c'est le bois du violon qui porte les cordes. Mais c'est toujours une force immatérielle qui fait la vie ou qui fait la mort, la maladie ou la guérison. Naturelle ou miraculeuse, la vie a sa raison d'être dans l'immatériel.

Donc l'admission des faits surnaturels ne gêne ni la raison ni l'histoire. La raison conçoit que la cause souveraine agisse souverainement. L'histoire admet tous les faits prouvés, et les faits d'un certain ordre ne gênent en rien les faits d'un autre ordre.

Mais si vous refusez à Dieu le droit d'agir surnaturellement, alors de deux choses l'une : ou vous niez absolument tous les faits mystérieux, ou vous les faites rentrer de force dans le domaine des faits naturels.

Si vous les niez, vous détruisez la certitude historique. Elle mourra de ce coup ; car ces faits sont aussi bien attestés que les autres, même au point de vue de l'histoire pure. Donc, les rejetant, vous n'avez plus de raison pour admettre quoi que ce soit. La certitude historique n'existe plus. Les affirmations motivées ne gênent en rien les affirmations d'un autre genre; mais une négation gratuite détruit tout; car, si vous niez une chose, pourquoi n'en nierais-je pas une autre?

Si, admettant à peu près les faits, vous les faites entrer dans les sciences naturelles, malgré eux et malgré elles, vous détruisez ces sciences. Car les lois connues ne sont plus dominées, mais détruites par cette foule de lois du même ordre, qui se croisent avec elles capricieusement. Mais si ces lois sont d'un autre ordre, les sciences naturelles sont sauvées. La médecine ne souffre pas, si, *miraculeusement*, Jésus-Christ Homme-Dieu ouvre avec un peu de boue l'œil d'un aveugle. La médecine eût été détruite, si, *naturellement*, un jour, en vertu de je ne sais quelle faveur, la boue avait guéri un œil malade. Admettez l'extase, vous ne détruisez pas la vie normale. Sainte Thérèse ne nuit à personne, et sainte Thérèse extatique ne nuit pas à sainte Thérèse femme et chrétienne. Mais niez l'intervention surnaturelle, vous ne pouvez plus dire où la vie naturelle commence, où elle finit; elle est bouleversée de fond en comble. Si vous attribuez au magnétisme tout ce qui est extraordinaire, le magnétisme prend une telle place, qu'il détruit les sciences à force d'empiéter sur elles. Il n'y a plus de limites; il trouble l'univers sans que vous puissiez savoir jusqu'à quel point et lui marquer sa place. Si vous ne voulez pas du magnétisme, vous êtes dans un autre genre d'ignorance. Les lois naturelles n'ont dans les deux cas rien de fixe. Vous leur attribuez des phénomènes qui ne dépendent pas d'elles, qui relèvent de plus haut. Les exceptions détruisent les lois, et là où il n'y a plus de lois il n'y a plus de science.

Niez l'intervention divine, vous rencontrez un mystère absurde; admettez-la, vous rencontrez un mystère lumineux.

L'entrée triomphante de Jésus à Jérusalem est peut-être une indication, un souvenir, un rappel de l'Incarnation, telle qu'elle se fût accomplie, sans le péché, dans la gloire et dans la joie. Le miracle et l'extase ne sont-ils pas des souvenirs du paradis terrestre, où l'esprit ne subissait jamais les colères de la matière révoltée? Pourquoi l'homme ne reprendrait-il pas, dans une certaine mesure, par la sainteté, cet empire qu'il a perdu par le défaut de sainteté?

L'extase des saints me semble un souvenir des sommeils d'Adam. Le sommeil est le temps des révélations. Peut-être l'âme, destituée alors, au moins en apparence, de son activité propre, est-elle plus capable de recevoir et de subir l'activité étrangère, l'activité divine. Nous aimons tous à parler, sans trop savoir pourquoi, du sommeil de l'enfance. L'innocence nous semble plus auguste et plus puissante que jamais, quand elle nous apparaît désarmée par le sommeil. Mais qui de nous connaît le sommeil? Nous a-t-il dit ses mystères? Dans le monde déchu, il n'éveille qu'une idée d'obscurité et de nuit. Mais, grâce au mystère de la sainteté (la sainteté ressemble toujours plus ou moins au retour du paradis terrestre), grâce au mystère de la sainteté, un sommeil apparent ne pourrait-il pas devenir l'instant de la vérité, l'instant de la lumière, le réveil enfin? L'âme, qui dans le sommeil ordinaire semble s'affaisser sous le poids du corps, ne pourrait-elle, dans un état extérieurement semblable au sommeil, mais réellement contraire à lui, se dégager des liens du corps? Le ravissement matériel est une dérogation aux lois de la pesanteur, ou plutôt la loi de la pesanteur produit un effet particulier quand l'âme l'emporte sur le corps. « Mon poids, c'est mon amour, » a dit saint Augustin. Quand notre amour est au ciel, pourquoi le corps ne nous prouverait-il pas, par un ravissement matériel, qu'il est emporté par l'âme, et que l'homme pèse en haut, parce qu'en haut est placé son centre d'attraction? La preuve ne nous est pas toujours donnée par un fait sensible. Mais en résulte-t-il qu'elle ne nous soit donnée jamais? Pourquoi l'extase ne nous parlerait-elle pas, par la bouche des saints, des communications que l'homme sans péché eût gardées avec Dieu, dans la splendeur immaculée du paradis terrestre?

Le sommeil n'est pas tout à fait dépourvu de conscience; il n'est pas aveugle, sourd et muet. Notre sommeil est souillé par le rêve. Le rêve, cette maladie normale de l'homme déchu et endormi; le rêve, avec ses divagations, ses terreurs, ses folies, ses horizons lointains ordinairement affreux, quelquefois magnifiques, ne ressemble-t-il pas à l'extase, comme le singe ressemble à l'homme ? Ne ressemble-t-il pas un peu à une contre-épreuve mal tournée de l'extase, à une parodie satanique qui en aurait gardé jusqu'à un certain point l'apparence, mais qui en a perdu l'esprit, l'idée, la vie ?

Ainsi ces lumières particulières se fondent dans la lumière générale au lieu d'en changer la nature. Elles attestent de leur grande voix la liberté de Dieu et la majesté première de l'homme. Elles embellissent le monde sans le troubler, et illuminent la nature au lieu de la détruire.

Niez le surnaturel, si vous voulez, mais vous allez recevoir une admirable punition! Vous allez arriver à cette ignorance que M. Renan attribue aux époques naïves. « Alors, dit-il, le miracle ne se présentait pas comme surnaturel ; le miracle était l'ordre habituel, ou plutôt il n'y avait plus ni lois ni nature pour ces hommes. »

Profond enseignement ! la sophistique nous ramène à cette ignorance d'où elle prétend nous tirer. Vous niez le miracle-exception, le miracle surnaturel. Comme les faits résistent à vos négations, vous avez le miracle-règle, le miracle naturel, et vous n'avez plus de lois. Ainsi de deux choses l'une : si vous admettez le surnaturel, il intervient sans rien détruire : l'ordre naturel est sauvé ; si vous niez le surnaturel, l'ordre naturel est confondu et bouleversé.

Cette destruction est si profonde, qu'il est difficile de l'analyser avec ordre. Les points de vue se pressent au point de se confondre. Nous avons déjà vu la science et la raison niées plusieurs fois, car elles supposent l'existence de la vérité et la possibilité de la certitude humaine; nous avons vu la négation contradictoire avec elle-même, contradictoire avec une affirmation précédente, contradictoire avec l'intention de l'auteur. Résumons-nous. Voici, quant à la religion, à la société, à la science, le *Credo* que nous avons découvert au fond de cette doctrine :

Je crois en Dieu, je l'adore; mais il n'existe pas. Je crois en l'humanité, je l'adore; mais l'humanité est une folle qui ronge un os de mort pour essayer de s'en nourrir. Son pain quotidien, c'est le néant, c'est l'erreur. Je crois en l'âme humaine, je l'adore ; mais on a bien fait de déclarer que nous n'en savons pas assez pour affirmer son existence. Je crois en la science humaine, je l'adore ; mais la notion de l'âme lui échappe comme celle de Dieu. J'adore le bien ; mais peut-être le mal, représenté par Satan, a-t-il autant de droit que lui à mon adoration. Je veux sortir de moi-même, m'anéantir, vivre dans un autre que moi, adorer ; mais l'humanité est le seul Dieu véritable, et je suis mille fois au-dessus de l'humanité, qui vit d'erreur, puisque moi je découvre son erreur. Mais comme je n'aperçois pas de vérité qui puisse remplacer les erreurs humaines, il me reste à adorer en moi, sans rien conclure, la critique toute seule, c'est-à-dire la négation universelle divinisée.

CHAPITRE IV

NÉGATION DE L'ART

J'arrive à la quatrième négation, la négation de l'art.

L'art est l'expression de l'idée par un signe sensible.

Mais l'idée s'exprime à une condition, et cette condition, c'est l'amour. L'amour est la vie de l'art. L'amour procède de la connaissance. Pour aimer la vérité, il faut la voir. Vous la contemplez, elle est belle. Le beau vous appelle, vous allez à lui, et si vos pieds sont lents, les ailes qu'entrevoyait Platon vous poussent d'elles-mêmes. L'amour, c'est le fruit mûr qui tombe. Mais qu'aimerez-vous, si vous ne croyez rien? Supprimez la religion et la raison, vous aurez déraciné l'enthousiasme. La négation exclut l'art, qui est affirmatif par essence. Toute œuvre d'art est un acte de foi. L'empire de la négation est un empire vide, c'est l'empire de la mort. Au moins la négation y devrait régner en silence, car la parole suppose une affirmation.

Mais le silence serait logique, et rien ne le sera dans cette destruction épouvantable. *Credidi, propter quod locutus sum :* celui-là seul qui croit a le droit de parler. Le nihilisme ne croit ni n'aime. Il ne voudrait pas corriger le monde, parce que les défauts du monde sont amusants... Je suis malade, et vous ne voulez pas me guérir, parce que ma maladie est curieuse. Mais pourquoi donc alors me parlez-vous? Vous qui n'avez rien à m'apprendre et qui ne voulez rien me donner, de quel droit, au milieu de l'humanité qui a besoin et qui espère, élevez-vous votre voix ennemie? Le nihilisme devrait être muet comme la tombe, puisqu'il est froid comme elle, et cependant il parle. De quel droit? Je vous le demande au nom de l'art. Il parle, et il parle de l'art ! Cette contradiction suprême, dont l'absence serait une ombre de grandeur et cacherait sous un manteau de deuil les autres contradictions, cette contradiction suprême ne lui est pas épargnée. Il parle, et pourtant voici sa devise : Vous qui entrez, laissez ici la joie! La joie, don de l'amour! la joie, jeunesse et splendeur de l'âme! la joie, triomphe de l'art, soulèvement radieux qui rend léger le poids de la vie! la joie, qui fait la beauté du matin, le calme de la journée, la clarté des nuits et la solennité des soirs!

Pitié pour ceux qui ont desséché chez eux-mêmes et chez les autres la source sacrée de la joie! la négation est froide et triste! Ils ont renoncé au ravissement!

Ils ont renoncé à l'art! L'art est la splendeur royale de l'idée. L'amour est si nécessairement la base de l'art, que l'artiste qui est poussé par un autre mobile n'a pas même le triste honneur d'être un coupable sérieux. L'artiste qui n'aime pas est ridicule. L'art affirme à la fois la raison et l'amour; sa grandeur nous est parfaitement inconnue; nous en avons fait je ne sais quel misérable et mauvais passe-temps.

Parmi les hommes vulgaires, les uns

croient que l'art est un exercice soumis à certaines règles, et dont on vient à bout au moyen de certaines formules ; les autres le prennent pour un fou, qui a le désordre même pour condition, pour essence. Or voici la vérité : la poésie et la musique, qui vivent d'amour, ont leurs racines dans les mathématiques, inflexibles et absolument exactes, comme si l'amour et l'ordre, qui quelquefois nous semblent ennemis, mettaient je ne sais quelle intention, je ne sais quelle affectation à se proclamer unis dans ces hautes manifestations d'eux-mêmes.

Pour les hommes vulgaires, l'art, ou plutôt, pour parler leur langage, les *arts* sont complètement séparés de la science, laquelle est elle-même séparée de la vie. Cette séparation des choses le plus profondément unies ressemble à une sorte de folie et de mort universelle. La folie et la mort, n'est-ce pas la perte complète, l'oubli radical de l'unité ?

Voulez-vous mesurer la portée intellectuelle d'un homme, ne vous demandez pas s'il est doué de tel ou tel talent : les aptitudes spéciales sont souvent dévolues aux hommes médiocres. Demandez-vous quelle est sa conception de l'unité; la réponse donnera sa mesure.

Je ne veux pas faire ici une théorie de l'art, mais je dois dire en un seul mot le sens de ce grand mot. L'art est le balbutiement de l'homme, qui, chassé du Paradis terrestre et non arrivé au Paradis céleste, célèbre encore et célèbre déjà la beauté perdue. Il est tombé; le lieu de la beauté est fermé pour lui; mais l'exilé trace sur la terre étrangère une esquisse de la patrie. Peut-être l'art occupe-t-il dans l'ordre intellectuel la même place que l'espérance dans l'ordre moral. L'art est une initiation, un essai, un tâtonnement; c'est un coup de main que l'homme tente pour saisir l'idéal, un pressentiment, un souvenir.

La beauté est la forme que l'amour donne aux choses. Dieu est le poète suprême; il est aussi l'amour absolu. Il y a un être qui est la contradiction vivante de l'art, c'est le premier négateur du dieu poète et amour, celui qui ne fait rien, puisqu'il fait le mal; celui que l'œil humain, fait pour la beauté, ne pourrait contempler dans sa forme véritable; celui qui a arraché à la grande extatique cette exclamation extraordinaire : « Le malheureux ! il n'aime pas ! »

Son nom impersonnel est laideur ; son nom personnel est Satan.

La question de l'art est la même que la question de la vie. Où est l'ombre ? où est la lumière ? La vérité première est-elle le visible ou l'invisible ?

La Grèce regardait la création, telle qu'elle nous apparaît, comme l'expression suprême de la beauté ; aussi ne désirait-elle rien au delà ; dès lors l'aspiration était un non-sens. Dans leurs Champs-Élysées, les héros regrettent cette terre, cette vie, cette lumière. Les héros sont des ombres ; la lumière pour eux est en ce monde-ci ; l'ombre est là-haut ou plutôt là-bas : voilà le fondement de leur société, de leur art, de leur poésie. Avez-vous jamais entendu Achille désirer et demander un éclat de jour supérieur ? Au contraire, vous l'entendez, au séjour des ombres, regretter sa force et sa valeur d'autrefois. Si tel était l'éclat de leur atmosphère, que le ciel bleu aperçu à travers les colonnes du Parthénon ne leur laissât plus, en fait de splendeur, rien à désirer; si la plus haute expression de la beauté divine était pour eux la beauté humaine (Hérodote raconte qu'un jeune homme, le premier venu, fut mis pour sa beauté au rang des dieux); si Jupiter n'était rien de plus qu'un beau Grec; si le temps et l'espace contenaient la lumière véritable, comment le monde invisible eût-il été pour eux autre chose qu'une ombre? Or l'esprit humain a été directement retourné. L'humanité moderne sait que le monde visible (ombre et figure, *figura mundi*[1]) est taillé sur le modèle du monde invisible, suprême et idéale réalité.

Ainsi l'art moderne, logique comme l'ancien, ne voyant plus dans la nature « qu'un miroir et qu'une énigme » (*per speculum et in enigmate*), la perce à jour pour découvrir à travers elle ce qu'elle cache. De là le type idéal manifesté par la forme matérielle; de là la poursuite et le désir.

Possession de la beauté satisfaite et jouissant d'elle-même, tel est le fondement du Parthénon.

---

[1] « La figure du monde. »

Aspiration immense de l'amour non satisfait, tel est le fondement de la cathédrale de Cologne.

Voilà la pensée grecque et la pensée moderne. Je ne veux pas dire : Voilà la pensée chrétienne et la pensée païenne. Sous l'action du christianisme, le monde a changé de souverain ; mais, ne l'oublions pas, jamais l'homme n'a vécu totalement privé de raison et de lumière. Le paganisme n'a été qu'un accident ; au fond du païen vivait l'homme, et la lumière naturelle n'a jamais été absente de la création. L'écho des traditions premières a été altéré, mais non pas étouffé.

D'ailleurs, la Grèce n'est pas la véritable antiquité. Les pyramides d'Égypte avaient été construites avant elle ; la mythologie grecque est une mythologie inférieure Platon a résolu la question dans le sens moderne ; mais Platon est plutôt Chaldéen que Grec ; il a déclaré le monde visible figure et image du monde invisible le jour où, les yeux fixés sur l'idéal qu'il aimait, il aperçut, dans l'extase de son génie, les prisonniers de la caverne. Si le christianisme a assis sur d'autres fondements, sur des fondements surnaturels, le trône de l'invisible, n'oublions pas que l'homme a toujours été pourvu naturellement du don de croire à l'âme, d'aimer l'idéal et d'adorer un seul Dieu !

Nous blesserions Dieu même si nous portions atteinte à notre grandeur, et toute l'économie de la vérité si nous en arrivions, égarés par l'amour du surnaturel, à méconnaître l'ordre naturel.

Le caractère de l'art grec, qui est l'art classique, mais qui n'est pas le véritable art antique, est un rapport d'équation entre l'idée et la forme. La beauté est le but, la beauté est l'instrument; l'idéal de l'artiste est réalisé. Il n'était pas trop haut pour être atteint. L'art exprime complètement une beauté que l'artiste trouve dans son âme, mais qu'il peut mettre à la portée de son bras. Le marbre n'est pas brisé; il est façonné élégamment. L'horizon ne s'étend pas derrière l'œuvre; le temple ne s'élève pas. La colonne élégante et régulière détermine le caractère de l'esprit qui a élevé cet édifice sans grandeur. La prière entraîne avec elle vers le ciel tout ce qu'elle touche, parce que l'ascension est de son essence. Mais le temple grec, sans voix, sans désir, trahit, par l'aplatissement de son sommet, la limite de sa pensée. Le temple grec ressemble à une habitation humaine, comme le dieu qu'on y adore ressemble lui-même à l'homme.

L'Olympe est une montagne sur laquelle on se promène. Les Grecs risquaient d'y coudoyer Jupiter, Mars et Vénus. Du reste, c'étaient de vieux amis et de vieux ennemis avec lesquels on s'était mesuré au siège de Troie. Les dieux vivaient au milieu des Grecs comme des concitoyens ou des égaux. Il faut insister sur ce fait, particulier à la Grèce, et qui n'est pas le fait de l'antiquité tout entière, pour comprendre le caractère de cet art, né au pied du mont Parnasse, et qui n'imagine rien de plus beau que la vallée de Tempé. Aussi le sublime lui est-il interdit; car, si le beau est un rapport adéquat de perfection entre l'idée et la forme, le sublime est une disproportion. Dans le sublime, l'idée écrase la forme et l'engloutit en elle. La forme humiliée s'anéantit, afin de ne pas nous troubler dans la contemplation de l'immense. La cathédrale de Cologne, qui respire l'infini, n'est pas finie. Le temple grec est parfaitement fini, dans tous les sens du mot, et le caractère général de tout l'art classique, grec, latin, français, peut se déterminer par un mot : l'absence de l'infini.

L'art moderne, s'il est vraiment moderne, travaille la matière presque sans la regarder ; il s'en sert comme d'un moyen : il a pour principe et pour fin l'idée. L'art grec, au contraire, part de la matière et vise à elle ; s'il frappe l'esprit, s'il éveille en nous l'harmonie, c'est que la forme, par sa perfection propre, s'élève au-dessus d'elle-même et touche les confins du monde invisible. S'épanouissant dans les splendeurs de la forme, l'art grec atteint la poésie de la ligne. La ligne est le point de contact entre l'idée et la matière. Aussi l'homme seul la comprend et l'admire. Si le lion poursuivant la lionne dans le désert admirait la beauté de ses lignes, il lui faudrait une âme immortelle ; car il aurait aperçu l'ombre de l'infini projetée sur une créature. Mais l'art grec, au moment où, emporté par la beauté, il va toucher l'esprit, s'arrête, vaincu par la forme, dans une espèce de cristallisation de la pensée. Car voici une loi naturelle : toute chose tend à son point de départ, l'art moderne à l'idée, l'art grec à la forme.

D'où vient que l'auréole accordée aux saints par la société moderne, l'art antique ne l'avait pas inventée pour ses dieux? C'est parce que l'auréole est le rayonnement visible d'une vertu invisible, la traduction de l'âme en lumière. L'auréole suppose une splendeur cachée dont elle devient la parole. C'est la joie qui se fait visible. C'est le caillou qui déclare l'étincelle latente en lui. Mais si la forme dit tout, si elle ne cache rien au fond d'elle, si Jupiter apparaît tout entier, si la beauté s'offre aux yeux tout entière, si le souffle invisible ne la pénètre pas, si le mystère n'a pas sa place en elle, l'auréole n'a pas de sens, puisqu'elle n'est le reflet de rien, puisque le feu intérieur est absent. L'art grec a encore pour caractère l'inflexibilité. Il y a quelque chose de fatal dans la beauté même de la ligne grecque. Elle ne s'incline pas vers la faiblesse. Elle ne sourit pas. Sa pureté est rigoureuse, sévère. Sa sculpture est sans douceur, sans pitié. On dirait que le marbre a peur de rien relâcher de ses droits.

La fatalité semble peser sur la Grèce, et il y a quelque chose d'impitoyable au fond de cette majesté sophocléenne. Chez les Grecs, Apollon tue le serpent Python. Il ne respire que la force calme et solennelle. Chez les Égyptiens, Mercure arrache les nerfs de Python, qui s'appelle ici Typhon, pour en faire les cordes de la lyre divine. Quelle immense supériorité !

L'art grec est représenté par la sculpture, qui n'a rien de transparent. La sculpture, c'est la matière à son maximum de densité. L'art moderne tend à rapprocher la matière de la transparence, pour la faire entrer dans la liberté de l'esprit. Or la présence intérieure du feu est la condition nécessaire à la matière pour que le don de transparence lui soit conféré. De là l'auréole des saints. Comme toute création de l'art, elle est symbolique. L'art a sa raison d'être dans le symbolisme des formes, et, sans entrer dans cette question immense, je dois l'indiquer.

Les formes ont avec les idées des relations symboliques. L'art est symbolique par essence. Toute chose qui n'est pas symbolique peut appartenir à la science; elle n'appartiendra jamais à l'art.

Dans l'art moderne, l'idée dérange la forme. Ne pouvant être contenue par elle, elle la brise en éclatant, et la forme brisée laisse apercevoir derrière ses ruines un horizon immense. Quand le sublime apparaît, toute chose aspire autour de lui à une sorte d'anéantissement. Les mots voudraient mourir devant l'idée. L'idéal, parce qu'il a conscience d'être ineffable, se réfugie dans sa hauteur. Placé trop haut pour recourir à la beauté extérieure, il renonce à elle, il s'abstient presque de la forme; il ne lui demande que le signe rigoureusement nécessaire à sa manifestation intelligible. Il apparaît seulement : il néglige de resplendir. L'indifférence est le caractère propre de cette beauté suprême qui, abdiquant l'habitude humaine, abdiquant la limite jusqu'à un certain point, s'abdique elle-même pour se retrouver dans les régions supérieures, où se retrouvent les puissances qui ont abdiqué en bas.

Les athées préfèrent l'art grec, l'art classique à l'art moderne. Ils préfèrent de beaucoup la beauté placide de Jupiter à la maigre image *d'un supplicié tiraillé par quatre clous.* Ce sont leurs propres expressions.

C'est qu'en effet le crucifix est sur la terre une terrible apparition. C'est le brisement de la forme qui éclate sous les coups de l'idée. La puissance terrible qui, plus impondérable que la lumière, plus subtile que le glaive, pénétrant *usque ad divisionem animæ et spiritus*[1], a tout détruit, tout bouleversé, tout créé, tout renouvelé : l'art, la science, la vie; celle qui a tout remué de fond en comble, sans paraître toucher à rien, cette puissance n'a pas apporté la paix, mais la guerre !

[1] « Jusques à la division de l'âme et de l'esprit. » (S. Paul.)

CHAPITRE V

L'ALLEMAGNE ET LE CHRISTIANISME

> Omnia in ipso constant [1].
> (S. Paul.)

Ici l'horizon s'agrandit devant moi ; je vais adresser la parole à une grande nation. Depuis que je vis, depuis que je pense, elle a occupé ma pensée. J'ai regardé vers elle depuis que mes yeux sont ouverts ; son nom a toujours remué en moi quelque chose d'intime et de mystérieux. J'aime sa grandeur sereine et sa sévérité. Pleine de ruines et de souvenirs, simple et solennelle, la terre d'Allemagne ressemble aux pensées et aux œuvres que pourraient produire ses

---

[1] « En Lui toutes choses existent; en Lui toutes choses se tiennent. »

enfants. A la lecture des pages que je vais discuter et combattre, je me suis senti arrêté quelquefois, arrêté par les battements de mon cœur, et les larmes me venaient aux yeux quand je me demandais ce qu'auraient fait dans l'intérieur de l'Église les hommes qui ont tenté de si grandes choses, mais qui n'ont pu les réaliser parce qu'ils étaient en dehors d'elle. Dieu sait avec quel immense désir je me transportais à l'heure solennelle où ces égarés rentreraient dans l'assemblée, une et universelle, vers laquelle ils aspirent sans s'en apercevoir. Cette préoccupation me remplissait l'âme, et je contemplais intérieurement l'idéal de l'Allemagne chrétienne. L'Orient, berceau du monde, fut le théâtre de la première scission, de la première catastrophe. L'Allemagne a été dans l'Europe comme un autre Orient. C'est elle aussi qui a fait le grand malheur, le péché originel de la société moderne : le protestantisme. Elle a ouvert la source de l'erreur et de la révolte.

Rendre justice à ceux qu'on va combattre, respecter en eux tout ce qui est respectable, telle est, dit-on quelquefois, la meilleure tactique, le mode de discussion le plus habile, et cela est vrai ; mais, ainsi entendue, la justice ne serait qu'une finesse, un calcul. Elle est trop au-dessus de ces considérations pour se plier à elle. Il faut rendre justice, parce que la justice est un devoir. Il y a dans l'équité une force que chacun sent, une force salutaire et conciliatrice. Celui qui se prive volontairement de cette sainte puissance ne manque pas seulement d'habileté, il manque de grandeur et d'élévation.

Si, ayant aspiré à de grandes vérités, l'Allemagne s'est radicalement trompée dans l'application qu'elle en a faite, il serait digne d'elle de le savoir, de le comprendre et de le reconnaître.

Je vais exposer sommairement la pensée d'Hégel et l'opposer au christianisme. Le christianisme s'affirmera lui-même en s'énonçant ; Hégel se réfutera, se niera lui-même en s'exprimant, et peut-être ses disciples comprendront-ils la parole que je leur adresse : cette vérité une, immense, synthétique, que leur maître a cherchée sans la trouver, parce qu'il la cherchait hors du

Verbe fait chair, le christianisme l'offre au genre humain.

Quelle est la pensée d'Hégel? A-t-il dit, comme quelques Français le croient : « Le oui et le non sont précisément la même chose; je suis ici, et je n'y suis pas; Paris et Nantes sont la même ville? » Si Hégel eût lancé dans le monde cette absurdité pure et simple, au lieu de remuer l'Allemagne il eût été enfermé dans une maison de fous.

Voici, en un mot, la pensée mère de sa doctrine :

« L'affirmation porte en soi une limite qui est le germe d'une négation. La philosophie tire cette négation de l'affirmation : mais elle poursuit son mouvement. Elle nie la négation elle-même, et par cette négation de la négation retourne au concept primitif. Mais ce concept n'est plus ce qu'il était tout à l'heure : il a développé ce qu'il contenait virtuellement; il est devenu l'unité suprême et l'équation entre la première affirmation et la négation opposée.

« Exemple : dans la clarté absolue, sans ombre ni couleur, on ne distinguerait absolument rien. La clarté absolue est donc identique à sa négation, l'obscurité absolue; mais ni l'une ni l'autre n'est complète; il faut l'une et l'autre. En les réunissant, vous avez la clarté mêlée à l'obscurité, qui est la lumière. L'électricité signale dans la nature cette attraction des contraires. L'électricité étant la vie, cette tendance devient celle des corps eux-mêmes. L'être en soi, l'être autre, le retour à l'être, voilà la théorie (thèse, antithèse, synthèse). »

Par cette théorie de l'identité des contraires, où Hégel a-t-il été conduit ? Nul ne le sait. Ses disciples les plus assidus, les plus intelligents, après l'avoir entendu dix années consécutives, se sont demandé si le maître croyait à l'existence de Dieu, et n'ont pas pu se répondre.

C'est qu'en effet Hégel n'attachait aucune importance aux conclusions. Toute la science pour lui consistait dans la méthode. Indifférent au combat, il fournissait des armes à tous les combattants, sans souhaiter à personne ni la victoire ni la défaite.

Peut-être cette indifférence, qui est la négation même de la philosophie, résulte-t-elle de sa méthode. Si, en effet, l'affirmation et la négation sont identiques, toutes les doctrines deviennent égales et indifférentes. La découverte de cette identité est alors la seule découverte qu'on puisse faire en philosophie. Pour qui possède la méthode, toutes les doctrines sont vraies, car celui-là sait de quelle manière elles le sont; pour qui ne la possède pas, toutes les doctrines sont fausses, car celui-là ne sait pas de quelle manière elles sont vraies. Toutes les doctrines, en effet, sont vraies, d'après Hégel, mais incomplètes. De là il tire sa philosophie de l'histoire et son histoire de la philosophie. L'histoire de la philosophie, c'est l'histoire de l'homme cherchant l'absolu et ne le trouvant pas, jusqu'au jour où Hégel lui révèle la méthode.

Ainsi il y a du vrai dans tous les systèmes; mais le système d'Hégel est seul absolument vrai, d'après Hégel, puisqu'il embrasse tous les autres. Par exemple : à l'idée correspond l'école éléatique, qui nie tout, sinon l'Être. A la négation de l'école correspond l'école des bouddhistes, pour qui l'Être c'est le néant. Chaque système ne contient qu'un côté de la vérité; le droit du contraire n'y est pas reconnu. La philosophie absolue démontre l'identité de tous les contraires. Hégel proclame l'égalité, l'identité de l'être et du néant. Il contient ainsi, d'après son système, la vérité complète.

Si cette méthode avait une conclusion, cette conclusion serait le panthéisme, qui affirme l'unité absolue de toute substance, et le fatalisme, qui est la négation absolue du devoir, le bien et le mal n'étant plus pour lui qu'une seule et même chose. Voilà l'erreur radicale, fondamentale, immense de ce siècle-ci ; voilà la négation mère ; voilà le panthéisme ; voilà la porte ouverte au néant ; voilà le doute absolu, qui est l'absence même de philosophie, érigé en philosophie absolue.

Pourquoi cette erreur est-elle capitale? C'est que la vérité dont elle abuse est une vérité capitale.

Cette vérité, c'est la synthèse.

Schelling et Hégel ont eu faim et soif de synthèse. Ils ont voulu se placer en face d'un être, le regarder et dire : *Omnia in ipso constant*[1].

---

[1] « Toutes choses existent en Lui ; tout se tient en Lui. »

Mais ils l'ont dit de la création, et ils ont affirmé l'identité des contraires.

De qui fallait-il dire : *Omnia in ipso constant?* et dans quel sens fallait-il le dire ?

Il fallait le dire de celui de qui le Saint-Esprit l'a dit par la bouche de saint Paul, de celui sur qui Dieu a prononcé cette parole : « La miséricorde et la vérité se sont rencontrées, la justice et la paix se sont embrassées. »

Et ailleurs : « Tout a été créé par Jésus-Christ dans le ciel et sur la terre : les choses visibles et les invisibles, soit les Trônes, soit les Dominations, soit les Principautés, soit toutes les Puissances. Tout a été créé par lui et pour lui ; il est avant tout, et toutes choses subsistent par lui ; il est le chef et la tête du corps de l'Église ; il est le premier-né d'entre les morts, afin qu'il soit le premier en tout, parce qu'il a plu au Père que toute plénitude résidât en lui, et de réconcilier toutes choses avec soi par lui, ayant pacifié par le sang qu'il a répandu sur la croix tant ce qui est sur la terre que ce qui est au ciel. »

Il y a un être *in quo omnia constant*, c'est Notre-Seigneur Jésus-Christ.

Est-ce à dire qu'en lui se trouve l'identité des contraires, de l'être et du néant, de la vérité et de l'erreur, du bien et du mal ?

Non pas !

Mais il est la voie, la vérité, la vie. Il est aussi la résurrection. Le monde, créé par lui, a été racheté par lui. Vainqueur de la négation, si réelle qu'elle soit, il ramène la vie et la mort, l'erreur et la vérité, le bien et le mal, non pas à l'identité, mais à cet ordre nouveau, à cet ordre immense qui, embrassant jusqu'au désordre, le réduit par la justice ou la miséricorde à un ordre supérieur. Ainsi toute chose apparaîtra quand apparaîtra Celui en qui tout a sa raison d'être : *Quum Christus apparuerit, vita vestra et vos apparebitis.* Le bien et le mal apparaîtront, profondément divers et diversement traités, mais semblablement traités en ce sens que chacun obtiendra la place qui convient. Le ciel et l'enfer apparaîtront, profondément différents en ce sens qu'ils manifesteront Dieu diversement, profondément semblables en ce sens qu'ils manifesteront le même Dieu.

Hégel, et voici une observation que je

recommande à ses disciples, Hégel confond deux idées qui ne se ressemblent pas. Cette confusion est capitale, et la distinction que nous allons lui opposer éclaire la question. Hégel confond les oppositions qui sont dans l'ordre, les deux pôles de l'électricité, par exemple, et les contradictions qui constituent le désordre, par exemple : le mal, négation du bien. Il confond ces diversités légitimes, qui rentrent toutes dans l'unité de la vie, avec cette contradiction qui est la mort. Les jeux de la vie peuvent rester dans l'ordre, mais la mort est un désordre qui ne peut rentrer que par un circuit dans l'ordre immense. Or, pour contempler l'harmonie suprême, il fallait s'élever au-dessus de ce monde relatif, il fallait remonter à l'essence infinie. La justice et la miséricorde, oppositions relatives, trouvent directement dans l'essence de Dieu leur solution. Le bien et le mal, contradictions absolues, trouvent indirectement par le ciel et l'enfer leur solution, sans jamais s'identifier.

Les contradictions absolues rencontrent une solution relative.

Les oppositions relatives rencontrent une solution absolue.

L'homme est un dans son essence, mais il est sujet à se répandre facilement sur la matière, qui est le multiple; il se laisse dissoudre par elle, et alors, multiple lui-même, il a besoin d'un effort de la volonté pour revenir à l'unité d'où il est parti. Cet effort, c'est la liberté. La liberté est le passage de l'unité spontanée à l'unité réfléchie.

Hégel se trompe sur la nature de l'harmonie. Il croit qu'elle existe déjà dans le monde que nous voyons. Il croit que l'ordre est cette création que nous avons sous les yeux. Il regarde le mal comme une nécessité aussi absolue que le bien. Par là même le mal n'est plus le mal; il est la forme naturelle de certaines choses, forme opposée à la forme du bien, mais qui, unie à celle-ci, complète l'harmonie et l'ordre au lieu de les troubler.

Hégel oublie, dans cette construction arbitraire de l'ordre, plusieurs éléments graves se mêlent à tout, entre autres le péché originel, la liberté de l'homme, la différence du temps et de l'éternité. L'harmonie en effet, non pas telle qu'il la conçoit, mais telle qu'elle est, l'harmonie, c'est-à-dire l'ordre vainqueur du désordre, c'est-à-dire le bien qui ne nie pas le mal, mais qui en triomphe en le mettant à sa place; cette harmonie-là est le secret et la réserve de l'éternité.

En affirmant que l'ordre est déjà achevé et visible, en posant l'être et le néant comme deux ennemis qui resteront en face l'un de l'autre et qui ne font qu'un être identique à lui-même, Hégel nie Dieu, la raison, et rend inutile l'éternité, car l'ordre absolu est déjà pour lui dans le temps. En affirmant que le bien et le mal sont les efflorescences nécessaires d'une tige unique qui fleurit fatalement, Hégel nie la vérité, la liberté de Dieu, celle de l'homme, la morale, la religion et la philosophie.

S'il eût dit qu'à travers la vie et la mort réconciliées les hommes devaient arriver à une seconde naissance, à une résurrection, suprême et éternelle harmonie, il eût proclamé la vérité; mais il l'a niée, parce qu'il a confondu l'opposition actuelle mais accidentelle où nous sommes plongés, et l'ordre absolu dans lequel nous vivrons quand nous vivrons tout à fait.

Quand Schelling a affirmé l'identité de

l'esprit et de la matière, Schelling s'est trompé radicalement, et son erreur a été immense, car il aspirait à une vérité immense. Pour lui, la nature n'est que l'organisme visible de notre entendement; aussi elle produit des formations régulières, et elle les produit avec nécessité, de sorte que l'idéalisme transcendantal et la philosophie de la nature sont deux sciences identiques qui ne se distinguent que par la direction opposée de leurs recherches. Ensemble elles constituent le système complet de la science. Le monde est pour lui un aimant dont les différences n'excluent pas l'unité. L'esprit et la matière sont dans ce système les deux pôles de l'absolu.

Toute erreur est une négation qui se présente sous la forme d'une affirmation.

Supprimons la négation, et nous dirons :

L'esprit humain conçoit la symétrie, l'harmonie, la géométrie, parce qu'il est en rapport avec la vérité.

La matière subit la régularité, la géométrie qui règne dans la nature.

Les opérations de l'esprit sont régulières et soumises à ses lois,

Les opérations de la matière sont régulières et soumises à ses lois.

En effet, l'esprit humain et l'univers matériel ont tous deux leur raison d'être et leur loi dans la loi souveraine, qui est en même temps le type; dans le Verbe, en qui Dieu contemple les êtres et les lois; et pourtant l'esprit humain et l'univers matériel sont parfaitement distincts.

C'est toujours dans l'infini que réside cette harmonie, que l'Allemagne cherche dans la création.

L'univers, bien que son type réside dans le Verbe, est une substance distincte de la substance divine. Son archétype est en Dieu, mais l'univers créé n'est pas Dieu. L'âme humaine est aussi la réalisation d'une idée contemplée par Dieu dans le Verbe. Son archétype est en Dieu, mais l'âme n'est pas Dieu. Les créatures visibles et les créatures invisibles ayant toutes leur archétype dans le même Verbe, cette relation commune explique les relations mystérieuses qui unissent les deux mondes. Les combinaisons inouïes de l'un et de l'autre, puis de l'un avec l'autre, sont quelques évolutions de la sagesse qui se complaît dans la beauté de son œuvre.

La régularité, l'harmonie, la géométrie, la beauté, la musique, sont écrites dans un monde, sont écrites dans l'autre, et sont écrites dans la combinaison des deux mondes. Le même Verbe, qui est leur archétype à tous deux, est aussi leur loi à tous deux. Il préside à leur évolution comme il a présidé à leur naissance.

Mais voici, entre l'homme et la nature, une grande différence qu'a méconnue l'Allemagne. Cette loi adhère à la nature; elle n'adhère pas à l'homme : elle *s'impose* à la création inanimée, qui obéit toujours; elle se *propose* à l'homme, qui peut désobéir et qui désobéit. La liberté met entre la nature et nous l'abîme qu'a oublié Schelling. L'évolution de la nature est nécessitée; la nôtre est libre. Le péché est l'infidélité de l'être créé vis-à-vis du type idéal de lui-même, que Dieu contemple dans son Verbe.

L'ordre est dans nos mains : nous le troublons quand nous voulons, et alors Dieu, qui nous respecte trop pour assujettir nos volontés à l'ordre, mais qui se respecte trop pour assujettir l'ordre à nos volontés, fait jaillir un ordre nouveau du désordre introduit par nous.

Notre liberté tient en éveil l'activité divine; aussitôt l'univers visible et l'univers invisible deviennent féconds en combinaisons nouvelles d'où sort, avec un ordre nouveau, la conciliation facile et merveilleuse de notre liberté et de la volonté divine.

Séduits par la pensée de l'absolu, Schelling et Hégel ont oublié les diversités, les oppositions qui, loin de nuire à l'harmonie, la font resplendir d'un éclat nouveau. Ils ont méconnu la grandeur vraie, celle qui résulte des choses telles qu'elles sont, pour adopter une hypothèse, gigantesque en apparence, mais inconsistante en réalité, qui ruine l'ordre et l'homme avec la prétention de les glorifier tous deux. Un enfant de douze ans qui sait son catéchisme les avertirait de leur erreur.

Chose remarquable! cette doctrine détruit absolument l'amour dans sa racine; l'amour s'adresse à la vie. Quel être a jamais pu aimer un mécanisme? Donnez-nous un dieu machine, un homme machine, un univers machine, personne n'aimera plus personne.

Aussi le panthéisme, froid comme la tombe, écrit-il à la racine de l'homme, sur la première page de l'âme, sa condamnation en lettres noires ; il apporte la tristesse.

Entrons dans le détail de quelques oppositions, et, avant d'insister sur la solution absolue du problème, essayons de trouver quelque ébauche de synthèse.

Que deux voyageurs montent la même montagne, l'un par le versant de gauche, l'autre par le versant de droite, ils apercevront deux paysages tout à fait différents, et celui-là seul aura le secret de leur désaccord qui aura atteint la dernière crête et dominé l'horizon à droite, à gauche, en avant, en arrière. Les lanternes sourdes n'éclairent qu'un point du paysage ; mais tout dissentiment ne s'apaiserait-il pas si la lumière pouvait se placer assez haut pour illuminer à perte de vue ?

Jetons donc sur nos œuvres un coup d'œil préparatoire.

Quand l'ordre tend à apparaître, les oppositions tendent à se concilier. Il est réservé à l'art de nous présenter dès ce monde des créations accomplies, ébauches d'harmonie qui promettent la grande harmonie. Le sentiment de l'harmonie n'est-il pas un pressentiment de l'éternité ? C'est lui qui manifeste déjà le beau, tandis que partout ailleurs nous ne faisons que le préparer. C'est lui qui anticipe déjà sur l'éternité, réalisation suprême de l'art absolu. C'est à lui que nous nous adresserons d'abord pour surprendre les secrets de la création et saisir, s'il est possible, la lumière en travail. Il ne nous présentera aucune harmonie parfaite. L'art est un essai qui nous réjouit. Quelle est donc cette joie qu'il nous apporte? Cette joie est un commencement de délivrance.

L'art est l'opposition que présentent l'idée et la forme se résolvant dans l'harmonie où elles se pénètrent l'une par l'autre.

L'harmonie n'est jamais l'identité des deux termes, mais leur conciliation.

Le drame c'est l'opposition entre l'idéal et le réel, manifestée par la lutte du devoir et de la faiblesse, manifestée par l'épreuve. Dans le dénouement doit apparaître l'harmonie, la conciliation ; le dénouement, c'est la part de Dieu.

La force humaine qui pousse l'opposition vers l'harmonie, c'est le sacrifice. La miséricorde et la justice éternelles opèrent la conciliation. L'histoire et la vie offrent des instants de lumière et de bonheur; ce sont les invasions de l'art dans la réalité; ce sont les apparitions de l'idéal, qui par instant fond sur le réel et l'embrasse. Il semble alors que la Providence, qui a l'habitude de se cacher, intervienne sensiblement. Notre joie dans ces moments suprêmes de la réalité, notre joie dans les grandes apparitions de l'art, vient de cette conscience intime qui nous révèle une opposition vaincue. Au lieu de nous apparaître dans leur isolement et leur obscurité, les choses nous apparaissent reliées les unes aux autres et transfigurées dans la lumière qui donne à tout la beauté. Au coucher du soleil, un objet par lui-même dépourvu de beauté, une maison, une écurie, devient beau dans le coup d'œil général, grâce aux flots de lumière dont il est inondé. Ainsi, la chose qui nous semblait laide quand nous la regardions en elle-même et dans la nuit, illuminée dès que nous la voyons d'en haut, participe aux splendeurs de l'universel rayonnement.

Dans l'art, miroir magique où la vérité se reflète à l'état symbolique, sensible, si je puis le dire, prophétique, on nomme *inspiration* l'intuition de l'accord, et *travail* la réflexion par laquelle l'opposition cherche à se résoudre. L'inspiration est l'action de l'idée dans l'artiste ; le travail est l'action de l'artiste dans l'idée. Par l'inspiration, l'idée saisit l'artiste et lui apparaît dans son essence, dans son type, dans son unité. Par le travail, l'artiste saisit l'idée et l'élabore ; il lui prépare un moule où elle doit prendre forme. La forme concrète, c'est ce qui la détermine, ce qui la définit ; c'est la puissance en vertu de laquelle l'œuvre est ce qu'elle est, et non pas autre chose. Par l'inspiration, une idée apparaît dans son rapport avec l'idée absolue. Par le travail, elle se fait particulière, s'oppose à l'absolu et revêt une forme qui lui est propre. Or cette opposition, qui pèse sur l'artiste en travail de l'idée, se résout dans une harmonie d'autant plus haute, qu'elle a coûté plus cher. Cette harmonie, c'est la création artistique. La création, c'est la résultante des deux forces : la création artistique, c'est l'idée particulière revêtue de sa splendeur et déclarant, par sa vie montrée au dehors, l'union en elle de l'absolu et du relatif, du général et du particulier, proclamant à la fois dans le temps et dans l'espace, par la parole et par la lumière, son essence, qui est son rapport avec l'idée absolue, et sa forme, qui est sa vie particulière.

L'inspiration est positive, l'exécution est négative ; elle est négative, puisqu'elle est une limite, une restriction (le sacrifice a sa place dans l'art). La création est harmonique.

C'est donc perdre son temps que de se demander si le génie est la persévérance, comme Buffon n'a pas eu honte de le dire, ou s'il serait par hasard une inspiration aveugle et désordonnée.

Le génie n'est pas telle ou telle face de l'opposition. Il est la force qui la résout. Vu d'en bas, il apparaît au vulgaire comme une folie inquiétante qui n'inspire pas même de pitié. Car toute souffrance supérieure trouve les hommes impitoyables.

Le génie est la faculté de créer. Il conçoit, et comme tel il est passif. Puis l'idée conçue fait en lui son travail secret. Il la porte. Il subit son opération latente et mystérieuse. Il réagit, il est actif : c'est la terre qui a ouvert son sein à la semence féconde et qui attend en silence que le soleil, à l'heure marquée, fasse naître la rose qui réjouit et embaume la création. L'action de l'idée sur l'homme, c'est l'action de la lumière sur la matière terrestre. Elle opère dans la plus vile poussière. Mais il faut que la terre ait été ouverte, fécondée, meurtrie, et que le cœur de l'homme ait été déchiré.

Tout est conçu dans la joie et enfanté dans la douleur. Telle est la loi.

Cette activité et cette passivité du génie, ces éclats de lumière qui l'invitent et ces ténèbres qui le repoussent, cette force et cette faiblesse qui lui font une vie si étrange, ces grands espoirs et ces grands accablements, ces antinomies immenses qui évoquent en lui la vie et la mort, que deviendront-elles ? Quel sera le sort de ces puissances, mystérieusement séparées, mystérieusement combinées, qui ont l'une pour l'autre une invincible horreur et une invincible affinité ?

Une création sera faite, et le génie ne se souviendra plus de l'enfantement douloureux, parce qu'une œuvre d'art aura paru dans le monde. Il se sentira ravi dans une harmonie inconnue...

Comme il n'aura pas observé certaines règles convenues dans les poétiques, on dira qu'il est indiscipliné.

Pendant que vous observez vos règles et que vos adversaires, aussi esclaves que vous, les violent systématiquement, lui, sans penser ni à eux ni à vous, il a observé la loi. Les yeux fixés sur le type invisible, il l'a exprimé suivant qu'il convenait. Il n'est le génie que parce qu'il est l'expression de la loi plus haute par laquelle il crée, et devant laquelle disparaissent abîmées les petites difficultés qui vous agitent. Vous ne voyez de lui que le côté négatif. Vous voyez ce qu'il n'est pas. Vous ne voyez pas ce qu'il est.

Le talent n'a pas cette puissance, parce qu'il n'a pas cette faiblesse. Il n'est ni si actif ni si passif. Il n'habite ni les sommets ni les abîmes.

Le génie est entraîné. Le talent marche à

son pas. Il fait comme il veut. Le génie fait comme il peut. Le génie crée suivant les lois de la création. Le talent fabrique quelquefois suivant les lois de l'industrie. C'est parce qu'il est de l'essence du génie d'être opposé à lui-même, qu'il est dans ses habitudes d'être blasphémé. Quiconque ne parle pas la langue commune est mis hors la loi.

C'est pour ne pas s'être trempée dans la source vive que la littérature française, dans beaucoup de productions qu'elle étale comme *modèles classiques*, est restée une lettre morte, une forme vide, sans vie, c'està-dire sans idéal et sans réalité. La vie de l'homme est un incessant combat; les mouvements de l'automate échappent à toute opposition. La rose qui s'épanouit offre au soleil le spectacle d'un combat, celui de la lumière et du fumier. Mais la mort règne sans inquiétude dans la fleur faite avec des coquillages.

Il y a entre le grand poète et le versificateur la même distance qu'entre le savant qui fait appel aux lois de la nature pour produire une action organique, vivante, et le faiseur de tours qui cherche à étonner par certains artifices manuels, mécaniques. L'escamoteur, si adroit qu'il puisse être, inspirera toujours une sorte de dégoût. Le mécanisme par lequel il opère n'a pas la vie en lui et ne s'adresse pas au sens de la vie chez le spectateur. L'art classique, dans beaucoup de ses représentants, avait ravalé la poésie au rang de l'escamotage, qui a pour premier mérite une difficulté matérielle vaincue ou éludée d'après certaines règles.

Pourquoi le cœur nous bat-il au récit d'une grande bataille, sinon parce que notre esprit s'assimile avec bonheur cette forme de l'universelle opposition? Et pourquoi la lutte, qui n'est pas un bien en soi, trouverait-elle un écho dans notre âme, avide de paix, sinon parce qu'elle conduit à l'harmonie, terme de nos désirs? Pourquoi aimons-nous la guerre? C'est que nous aimons la paix.

L'art organique est une harmonie conquise.

L'art mécanique est une symétrie qui n'a pas fait verser de sang.

Il y a deux sortes de simplicités : l'une vraie, l'autre fausse.

La simplicité fausse, celle qui plaît au plus grand nombre, n'offre qu'un terme à l'esprit, ne présente qu'un côté des choses. Le XVIIIe siècle avait cette apparence de simplicité. Voilà pourquoi Voltaire passe généralement pour un auteur clair, bien qu'en réalité il soit absolument inintelligible. Mais pour s'apercevoir qu'il est inintelligible, il faut avoir soi-même de l'intelligence. Quand on n'en a pas, et qu'on rentre ainsi dans la grande majorité des hommes, on le croit clair, parce qu'il ne fait ni n'exige aucune réflexion.

La simplicité vraie présente à l'esprit trois termes : deux termes qui s'opposent, et le troisième en qui ils s'harmonisent. Mais comme cette simplicité-là est vraie et profonde, elle demande des âmes vivantes qui puissent se l'assimiler. Elle paraît obscure à ceux qui haïssent la lumière.

Qu'est-ce que le coup de foudre, sinon le choc de deux électricités ?

Jetons un coup d'œil sur l'histoire. Elle

nous présentera un commencement d'harmonie.

La vie humaine est-elle seulement l'œuvre de la liberté humaine? Non. Nous sommes maîtres de nos déterminations, mais nous n'en tenons pas dans nos mains les conséquences. La vie humaine est-elle entièrement l'œuvre d'une force étrangère, et notre liberté est-elle sans puissance sur notre destinée? Non. L'homme dépend de sa liberté. Il dépend aussi de ce qui n'est pas lui. Une mouche qui vole empêche un homme de penser. Un grain de sable a fait mourir Cromwell. L'homme désire : la nature résiste; elle ne se prête pas. La liberté veut : la nature ne veut pas; elle manque essentiellement de complaisance. Nos combinaisons les plus savantes, les plus profondes, sont déjouées par l'accident le plus simple, le plus facile à prévoir, et pourtant le plus inattendu.

Cependant, toute seule, que peut la liberté? Tout comme intention, rien comme résultat. D'où vient donc que l'homme commence, entreprend? Il n'entreprendrait pas s'il n'espérait pas terminer. Or il sent que, tout seul, il ne peut rien mener à terme;

qu'il ne peut se passer du concours des choses extérieures; qu'il ne peut les soumettre par son propre pouvoir; que la nature est un ennemi nécessaire, à la fois obstacle et moyen. Si la liberté et la nature étaient irréconciliables, si ces deux quantités restaient éternellement incommensurables entre elles, un invincible découragement s'emparerait de l'homme. Il n'agirait plus, n'osant plus espérer la fin de son action.

Et cependant il agit. Comment se fait-il que l'homme agisse?

Il agit en vertu d'une croyance sous-entendue dont il n'a pas toujours conscience. Il agit, parce que la voix intérieure lui dit tout bas : La nature n'est pas autonome, n'est pas aveugle. La nature a ses lois, comme l'homme a les siennes. Tous deux ont le même maître, quoique l'homme ait le pouvoir de désobéir, refusé à la nature.

Plus l'homme est placé haut, plus il a confiance dans le dernier secret. Cette confiance s'appelle des deux plus beaux noms qu'il y ait dans notre langue : sainteté, génie.

« Je puis tout en celui qui me fortifie, » dit

la sainteté. Le génie a confiance sans être tout-puissant, parce qu'il a le sentiment profond des oppositions de ce monde et le pressentiment de l'harmonie qui les résoudra. Le talent calcule, le génie regarde et voit. Son organe est l'intuition ; cette intuition est la conviction qu'il n'agira pas seul, qu'il est instrument, qu'il est surveillé, que le Maître qui l'emploie ne l'abandonnera pas en route ; aussi part-il sans crainte. Il sait qu'il arrivera, car il se sent poussé. Christophe Colomb n'avait pas tout prévu, quand il posa le pied sur le navire béni. Et s'il eût tout calculé, il eût manqué son but. Il n'eût eu que du talent. Comme il avait du génie, il eut confiance dans la complicité divine. Il se connaissait, il se sentait; il entendait jour et nuit la voix qui appelle; il est parti sur parole. Sentir l'Amérique, c'était pour lui se connaître. Il savait qu'il était, lui, incapable de la découvrir; qu'un souffle de vent pouvait l'écarter de la terre promise ; mais il savait aussi que les vents et la mer entendraient la même voix que lui et obéiraient à la même parole. Quand un homme de talent se prépare à livrer bataille, il examine, il discute, il pèse le pour et le contre. L'homme de génie voit le champ de bataille et se sent vainqueur : il a la parole du Dieu des armées.

Le génie actif affirme Dieu d'une affirmation positive, en ce sens qu'il affirme quelque chose de ce que Dieu est. Le génie passif affirme Dieu d'une affirmation négative : *Silentium laus.* Il se tait devant lui, et ce silence même est une affirmation suréminente, puisqu'il affirme l'Être comme dépassant infiniment toutes les affirmations de l'être.

Portons plus haut nos regards. Il faut maintenant les appliquer sur Celui qui est crucifié entre le ciel et la terre, celui en qui réside toute plénitude : *in quo omnia constant.*

La vérité est une, l'erreur est multiple.
Le paganisme est l'adoration des forces extérieures, des forces animales ou végétatives, de la nature, du non-moi de l'homme.
Le rationalisme, très bien représenté par Fichte, est l'adoration du moi, de la force

intellectuelle et morale de l'homme ; c'est une forme plus élevée de l'idôlatrie.

Le panthéisme, représenté par Schelling, est l'adoration simultanée des forces animales et des forces morales de l'homme, de l'animal et de la plante, l'adoration simultanée de l'homme et de la nature, comme puissances identiques quant à leur essence et quant à leur développement.

Le panthéisme d'Hégel n'est que le panthéisme de Schelling systématisé. Hégel n'a inventé que la méthode.

L'erreur d'Hégel occupe dans le désordre intellectuel cette première place qui est celle de l'orgueil dans le désordre moral. L'orgueil dit : *Le néant, c'est l'être.* Hégel ne parle pas autrement ; Satan non plus. Et la formule de l'orgueil est la formule de l'absurde.

Le panthéisme représente l'erreur dans sa forme suprême, dans sa forme absolue. De toutes les erreurs il est la plus complète ; par là même il est près peut-être de revenir à la vérité, puisqu'il a parcouru le cercle de l'erreur ; il en a fait le tour, il ne peut plus désormais se convertir qu'à Dieu.

Le christianisme ne place l'absolu qu'en

Dieu, n'adore que Dieu, sépare Dieu de la création ; mais, reliant avec autant de force qu'il distingue, il affirme que l'Incarnation du Verbe unit Dieu à l'homme, et par lui à la nature, sans jamais les confondre.

Omnia vestra sunt ; vos autem Christi, Christus autem Dei.

Le panthéisme est la synthèse de l'erreur.
Le christianisme est la synthèse de la Vérité.

Le christianisme, distinguant le fini de l'infini, et les reliant à la fois par Celui qui réconcilie toutes choses en sa personne immense, humanisant Dieu, divinisant l'homme, sans confondre un seul instant l'homme et Dieu, faisant la distinction d'autant plus immense qu'il fait l'union plus intime, établissant la diversité des substances, et à la fois posant le dogme de la transsubstantiation, le christianisme seul a le droit de prononcer sur Dieu l'affirmation suprême qui résume ma pensée tout entière : *Omnia in ipso constant*[1].

Schelling a voulu parler de la même ma-

---

[1] « En Lui tout existe ; en Lui tout se tient. »

nière ; cette affirmation suprême, Schelling a voulu la poser.

Mais le panthéisme, qui aspire à cette parole, est trop petit pour la prononcer. Il veut s'élever, les ailes lui manquent ; il retombe de tout son poids sur la terre ; il s'attache à la création, il l'embrasse, il l'adore. Il veut dire, à propos d'elle, la parole qui n'est vraie que de Dieu ; mais la création n'entend pas son cri, elle ne répond pas. Celui que saint Jean et saint Paul appellent *Ipse*[1] ; le principe et la fin de tout, *ipse, ipsissima vita*[2], comme parle saint Athanase ; le grand *Ipse*, celui-là est le seul de qui la parole humaine, avide de proclamer l'universelle union et l'universelle distinction, puisse dire sans mensonge en face de Dieu, de l'homme et de la nature : *Omnia in ipso constant.*

Cette vérité, tellement ancienne qu'elle est éternelle, est en même temps plus jeune que ce qu'il y a de plus jeune. L'humanité a tout usé, excepté le christianisme.

---

[1] « Lui-même. »
[2] « Lui-même, la vie la plus elle-même. » Expression intraduisible.

Elle ne l'a pas usé, parce qu'elle ne l'a pas fait. Le christianisme est la Vérité ; je veux dire qu'il est la Religion. Ceci n'est pas un pléonasme. Évitons cette confusion redoutable qui couvre le monde d'erreurs.

Le XIXᵉ siècle est très poli envers le christianisme ; mais ce n'est pas la politesse que le christianisme réclame. Presque tous les inventeurs de systèmes se donnent comme les successeurs de Jésus-Christ. Ils croient, bien entendu, l'avoir dépassé ; mais enfin ils consentent à relever de lui.

Leur christianisme est une sorte de philosophie humanitaire, fille de Rousseau, ou de Socinius, ou de Fourier, une religion sans dogme, qui adore l'homme et oublie Dieu.

D'autres sont plus gais : ils font du christianisme une mélodie sans idée ; ils lui permettent de bercer doucement le cœur de l'homme pendant que la philosophie nous formera l'esprit. Leur christianisme est un rêve sentimental qui vous endort comme le bruit d'une cascade. Les uns se disent chrétiens parce qu'ils sont mécontents, parce qu'ils abritent derrière le nom du christianisme leurs utopies humanitaires ; les autres, parce que le ciel est bleu et qu'ils abritent derrière le nom du christianisme leurs rêves médiocres.

Le christianisme vrai est la Religion.

La première préparation pour qui veut le recevoir, c'est le sentiment profond de l'impuissance de l'homme à le fonder. Il contient dans ses profondeurs, non pas une série de phrases creuses et vagues, mais des vérités révélées, les plus sérieuses des choses connues, et la science des sciences, la théologie. Il contient non pas des rêves, mais des dogmes.

Il est la Vérité absolue révélée dans le temps et dans l'espace par la Parole absolue. *Il n'est pas un développement naturel du progrès humain.* Cette erreur est une des plus funestes qui soient au monde. Il est un don de Dieu, ce don libre et gratuit qui eût pu n'être pas, et que Jésus-Christ annonçait à la Samaritaine. Quiconque l'accepte comme un progrès naturel, comme le produit de l'ordre naturel, comme une efflorescence de la tige humaine, le méconnaît pleinement. Jamais l'homme déchu ne fût remonté vers Dieu. C'est Dieu qui est descendu vers l'homme. Quelques-uns ont voulu d'un christianisme humain. Ils ont supprimé *la grâce* : ils ont supprimé Dieu. Leur christianisme a eu le sort de toutes leurs œuvres : il est mort avec eux, et même avant eux. Le christianisme qui ne meurt pas, c'est le Catholicisme. C'est la la religion divine. Altérée par vous dans l'hérésie, elle vous plaît, parce que vous vous reconnaissez dans son altération, qui est votre ouvrage et qui vous ressemble. Le catholicisme, lui, ressemble à Dieu. Il en porte la marque. Complet, absolu, absolument divin, muni de ses dogmes et de ses sacrements, il vous est en horreur, parce que vous n'avez pas prise sur cette chose à part qui n'est absolument pas votre ouvrage.

Voilà le christianisme, non pas complaisant et maniable, mais puissant, immuable et divin; non tel que le voudraient les hommes s'ils l'avaient fait, non tel qu'ils l'auraient fait, mais tel qu'il est, tel que l'Église l'a reçu, le conserve et l'enseigne aux nations.

L'hérésie porte la signature de l'homme. Elle est une transaction; elle permet les transactions. L'homme lui a communiqué quelque chose de son infirmité, de sa défaillance.

Le catholicisme est tout d'une pièce. Il est divin tout entier : on s'agenouille ou on se détourne.

Sachons-le donc, car il faut éclaircir les points de vue: en abordant le christianisme, nous abordons la grâce, l'ordre surnaturel; nous abandonnons les domaines que l'effort humain pouvait conquérir. Oublier cette distinction, c'est troubler dans leurs fondements la science et la vie; car elle domine la science et la vie. Je vous demande qu'elle soit présente à votre pensée comme à la mienne, pendant l'étude que nous faisons ensemble.

CHAPITRE VI

L'INCARNATION

Dieu a sa vie interne : il est. Il a sa vie externe : il se manifeste.

Depuis sa chute, l'homme sent en lui les mouvements d'une nature contradictoire qui penche vers la créature sans pouvoir se passer du Créateur. Il est incliné vers la multiplicité, mais il ne se rassasie que dans l'unité.

Il est si petit, qu'il se complaît en lui ; il est si grand, qu'il ne se satisfait qu'en Dieu.

Avant la venue du Christ, l'humanité se divisait en deux parties distinctes : le peuple juif et les autres nations.

La philosophie grecque, pour ne parler que d'elle, chercha la sagesse. Elle constitue une philosophie, elle n'est pas une religion. Le culte manque. La philosophie grecque ne s'adresse qu'à la vie interne de Dieu, cette vie qui s'appelle dans l'Écriture *sapientia* ; elle oublie sa vie externe, sa force, sa vertu : *virtus*.

Le culte juif, quoique divinement institué, ne dut réaliser que des figures. Ces figures cependant, voulues de Dieu, renfermaient l'idée en germe. L'animal immolé était la figure de la grande victime. Jésus-Christ n'avait pas encore dit aux hommes : *Mes enfants, mes amis.* Saint Paul n'avait pas encore célébré la liberté joyeuse des fils de lumière. Le judaïsme était une religion, mais cette religion était provisoire ; elle s'adressait surtout à cette vie externe de Dieu que l'Écriture appelle *virtus*[1].

En parlant de la philosophie grecque et de la religion juive, n'oublions pas la distance qui les sépare. La première était une chose humaine, la seconde une chose divine. N'oublions, en les considérant, ni la différence de leur origine ni celle de leur destinée.

---

[1] « Force, vertu. »

Ainsi seraient restées en face et en guerre les oppositions, les thèses et les antithèses, si l'unité même n'était venue tout simplifier par un mystère formidable.

Le Verbe se fit chair. Ainsi les deux choses que nous avons appelées de ces deux noms : *sapientia, virtus*, se réunirent dans un être visible. Ainsi le Verbe s'offrit à l'intelligence de l'homme et à ses yeux, donnant un corps au λόγος qu'avait rêvé Platon, substituant l'idée aux figures judaïques : et l'homme entier put adorer Dieu tel qu'il est.

Judæi signa petunt (thèse). *Græci sapientiam quærunt* (antithèse). *Nos Christum prædicamus crucifixum, Judæis quidem scandalum, Gentibus autem stultitiam, ipsis autem Judæis vocatis atque Græcis Christum Dei* virtutem *et Dei* sapientiam [1] (synthèse). (Saint Paul.)

Le christianisme est l'occupation de la

---

[1] « Les Juifs demandent des miracles, les Grecs cherchent la sagesse. Nous, nous prêchons le Christ crucifié, scandale pour les juifs et folie pour les gentils, mais *force* de Dieu et *sagesse* de Dieu pour ceux, soit juifs, soit gentils, qui sont appelés. »

chair par le Verbe. Or quel est l'objet de cette Incarnation ?

C'est de mettre Dieu en rapport avec nous par toutes les parties de nous-mêmes, par toutes nos facultés, par tout ce qui nous fait hommes. Le Dieu fait chair entre dans l'homme par tous les pores.

Le Dieu véritable est donc à la fois une idée et un fait, un principe immatériel et un signe sensible : protestants et catholiques, nous en convenons. Mais l'œuvre est-elle terminée à la mort du Christ? Oui, dans un sens. Non, dans l'autre. Jésus-Christ n'est resté sur terre, sous forme humaine, qu'un instant et dans un endroit. Il n'a occupé qu'un point imperceptible du temps et de l'espace. Et cependant il a vécu, il est mort pour tous les hommes. Il est venu pour nous, qui ne l'avons pas vu marcher, parler, boire, manger, dormir. Et alors que nous reste-t-il, puisqu'il est mort?

La doctrine, direz-vous? — Sans doute : mais une doctrine, c'est une idée, ce n'est pas un fait. Et puisque nous avons besoin du fait avec l'idée, du signe avec le principe, puisqu'il convient à la bonté de Dieu de satisfaire les besoins qu'il a mis en nous, son œuvre resterait incomplète si, après le départ de Jésus, rien de sensible et de divin à la fois ne persistait sur la terre déshéritée.

Si, au contraire, Jésus-Christ, idée et signe, a laissé une idée et un signe, cette merveille de spiritualité et de plasticité est en tous points digne de lui.

Or la chose est faite. Jésus-Christ a laissé l'idée, il a laissé le fait suprême, l'assemblée universelle, que nous appelons en grec Église catholique. Le Dieu *un* a fondé l'Église une, universelle, immuable.

Toute parole qui a une fois varié n'est pas la sienne, et il n'y a qu'une parole qui n'ait jamais varié. Consommer l'unité de tous et garder l'individualité de chacun, tel était le problème. L'individu tire à lui, c'est la force centrifuge; l'assemblée universelle tire à elle, c'est la force centripète, bonne et utile à l'humanité comme l'agrégation moléculaire à la matière inorganique.

Le fait sur terre est le gardien de l'idée. Nous ne brûlons pas le portrait de nos pères morts. Le peuple dit que les petits cadeaux entretiennent l'amitié. Rien n'est plus vrai. L'Église est le grand cadeau fait par Dieu aux hommes pour entretenir l'amitié entre le ciel et la terre. Jésus-Christ a dit : « Je serai avec vous jusqu'à la consommation des siècles. Je bâtirai mon Église sur une pierre. » Dieu a donné sa parole au monde, et l'Église est légitime dépositaire de la parole donnée. L'homme est un être pensant; il a la doctrine. L'homme est un être pratique; il a le culte et les œuvres. Les sacrements administrés par l'Église sont les canaux dont elle se sert pour que l'idée soit versée en nous.

Mais nous sommes toujours libres de nous égarer, et deux grandes sources d'erreurs s'ouvrent devant l'homme :

1º Embrasser le fait seul, s'attacher au signe et oublier l'idée. Ainsi font les superstitieux qui, ardents aux pratiques, oublient la vérité elle-même. Le *signe*, chose merveilleuse, au lieu de leur rappeler la chose *signifiée*, les aide à l'oublier. Ainsi font les schismatiques, qui ont retenu certaines pratiques aussi, certaines formes chrétiennes, sans retenir la vie circulante. Ils sont tombés stériles, comme la feuille morte, qui ne communie plus à la sève du tronc.

2º Embrasser l'idée seule et négliger le fait. Ceux-ci oublient que l'homme a un corps. Et les hérétiques, se promenant de ruines en ruines, les hérétiques, niant l'Église, ont fait la guerre à toute la matière. Ils ont nié les sacrements, la présence réelle du Christ dans l'hostie ; enfin ils ont chassé du temple les tableaux et les statues, formes sensibles de l'art données sur terre à l'homme pour s'élever au beau invisible. L'hérésie, en général, continue l'œuvre de la philosophie grecque : et en ce sens Tertullien avait vu bien avant dans les choses, quand il a appelé Platon le patriarche des hérétiques. L'hérésie a la haine du signe extérieur, et les hérétiques deviennent aisément grossiers et charnels. Luther et beaucoup d'autres nous offrent ce profond enseignement : Quiconque se vante de mépriser trop la matière et veut se passer d'elle, l'adore pour sa punition.

Incrédulité, superstition.
Voilà les erreurs humaines.

Incarnation du Verbe, assemblée universelle.

Voilà la vérité.

L'Église catholique possède le Verbe fait chair dans sa plénitude et dans son étendue. Comme, en attaquant le culte extérieur, les sacrements et l'art, le protestantisme attaquait, sans s'en rendre compte, l'incarnation même du Verbe; la pratique, qui ne pardonne jamais, a conduit quelques esprits à toute une suite de négations qui dépassent les projets des fondateurs. La chair du Verbe mangée par l'homme suit, dans les desseins de Dieu, la chair du Verbe, prise par lui pour l'homme. Calvin avait attaqué la chair mangée; Socinius, plus hardi, a attaqué la chair prise. Calvin avait attaqué la société des âmes, l'unité dans l'amour, la communion des saints; Socinius a attaqué la divinité même du Christ, en qui s'associent les âmes, en qui s'aiment les hommes, en qui communient les saints. A la victime absente, le protestantisme n'en a substitué aucune. Il a offert au monde le spectacle inconnu d'une religion sans sacrifice et d'un temple sans autel. Seulement, suivez et admirez. Calvin et Luther, séparés de l'unité, n'ont pu créer une unité. Excommuniés de la société catholique, leur société brisée n'a pu se tenir debout, attendu qu'elle avait pour base la négation même de l'unité.

Calvin a brûlé un de ses amis; il l'a brûlé inutilement; ses descendants ne se souviennent plus de lui; son œuvre est morte : les assassinats se terminent souvent par des suicides.

Le protestantisme, ce corps décomposé d'avance, tombe maintenant en pourriture, afin qu'un grand spectacle soit donné au monde. Ceci se passe sous les yeux de l'Europe inattentive, qui devrait regarder et qui ne regarde pas. Si elle regardait la carte du monde intellectuel, elle comprendrait pourquoi la société humaine s'est désorganisée en réfléchissant à la désorganisation de la société religieuse, et peut-être, avertie par le sang et par le feu, elle s'habituerait à traiter sérieusement les crimes de la pensée.

Nous assistons aujourd'hui au désossement du protestantisme. Ayant nié le fait de l'Église, il a nié le fait de l'Incarnation. Ceux qui étaient déistes il y a dix ans sont athées aujourd'hui. Il ne restera bientôt plus que deux camps dans la plaine : la vérité et l'erreur, le oui et le non, le catholicisme et l'athéisme. La lutte du bien et du mal, à mesure que les siècles marchent, se fait plus gigantesque. Les vérités se serrent, les erreurs se serrent, toute chose aspire à la synthèse.

Les intermédiaires s'effacent peu à peu, afin qu'il reste un jour deux athlètes seulement en face l'un de l'autre, visibles et nus : l'Église catholique, la cité de Dieu, l'affirmation, l'amour, et, en face, la cité de Satan, la négation, la ruine, la mort et la haine. Et quand les temps seront finis, selon que chacun aura adhéré à la vie ou adhéré à la mort, il ira vivre dans l'amour ou mourir dans la haine, et subira pendant l'éternité le sort qu'il se sera préparé dans le temps.

De cette grande scission faut-il conclure que l'homme, qui ne voit pas la vérité révélée, ne *peut* rien voir ; qu'il est *nécessairement* voué à la nuit absolue s'il refuse la lumière chrétienne ; qu'en dehors de la foi la raison n'a pas d'existence ; qu'à celui qui ignore la rédemption, la notion de Dieu, la notion de l'âme, la notion du bien et du mal échappent nécessairement? Rien ne serait plus faux. Cette erreur effacerait la distinction fondamentale de l'ordre naturel et de l'ordre surnaturel. Cette affirmation, à la fois fausse et maladroite, tournerait contre elle-même : elle attaquerait le christianisme en voulant le glorifier à contre-sens. Voici comment s'explique la grande séparation qui s'opère sous nos yeux.

Le péché que l'homme porte en lui est un poids qui l'entraîne incessamment vers l'abîme. Le péché est la négation pratique; il est la force centrifuge qui tend sans relâche à écarter l'homme de son centre.

A la force centrifuge du péché, l'Église oppose la force centripète de la prière et des sacrements : force immense dont l'action, fréquemment répétée, lutte contre la puissance dissolvante du mal, et tend à retenir l'homme dans la sphère active de l'aimant.

Mais qu'arrive-t-il si l'homme repousse volontairement la planche de salut? Séparé de la grande unité extérieure, il perd bientôt l'unité intérieure de son être ; il entre dans l'empire des ténèbres, et, entraîné non pas par la nécessité intrinsèque et logique des principes qui lui commanderaient encore de rester homme, même s'il renonce à devenir Dieu, mais bien par la pesanteur spécifique de sa propre personne, il roule d'abîme en abîme, et finit par abandonner la loi naturelle comme il a abandonné la foi catholique. Cet homme pourrait rester debout sur le bord du précipice ; il le pourrait rigoureusement, il ne le fera pas : le vertige qui le saisit n'est pas une nécessité logique de sa situation, c'est une infirmité de sa nature. L'homme n'est pas un point mathématique ; c'est un être vivant, compliqué, multiple, qui est en relation avec Dieu, non par sa pensée isolée, mais par toutes ses facultés : la vérité est en même temps la vie.

L'Europe, qui a renié l'Église catholique, aurait *pu, dans le sens absolu et abstrait*, garder la loi naturelle ; mais elle ne l'a pas fait, parce que l'homme ne fait pas tout ce qu'il peut, parce qu'elle a obéi à la force centrifuge du péché originel ; aussi la foi et la raison, blessées par les mêmes ennemis, ont contracté dans ce siècle une alliance plus étroite qu'autrefois.

* *
*

Le panthéisme allemand est une des formes les plus complètes que puisse prendre l'erreur. Il est fils cependant du protestantisme, qui, en toute chose, est timide et incomplet. Il descend de Luther, et quoiqu'il ait renié son père, chose remarquable! il ne le déteste pas. Il garde sa colère pour les choses divines. L'éclectisme français est une pâle imitation du panthéisme allemand. Son Dieu, à la fois dieu, nature et humanité, est le Dieu de Schelling amoindri. Pour comprendre l'état de la France, il faut connaître l'état de l'Allemagne. Pour comprendre le langage de Vert-Vert chez les Visitandines, il faut savoir quelles gens avait fréquentés l'oiseau avant de pénétrer si mal à propos dans le couvent.

Quoi qu'il en soit, notre panthéisme est un pauvre panthéisme d'emprunt. Beaucoup de gens ont pour doctrine de n'en avoir pas.

La France, qui ignore la philosophie et

croit sur ce sujet tout ce qu'on veut bien lui dire, a amalgamé les insinuations; ce que les Vert-Vert du panthéisme et de l'athéisme lui ont rapporté d'une excursion outre-Rhin, avec la bêtise sentimentale, représentée par Rousseau, père de l'opéra-comique, et la bêtise méchante représentée par Voltaire, père de la chanson. Au point de vue de l'exégèse, la France en est encore à Strauss, cet enfant malveillant, qui est oublié depuis longtemps de l'autre côté du Rhin.

L'Allemagne a usé et rongé ses propres erreurs : il est temps qu'elle vienne à la Vérité, qui ne s'use pas. Il faut qu'elle recommence. Elle ne peut recommencer que par le germe des germes. Elle cherche la synthèse. L'Église universelle, unité vivante, lui tend les bras.

Si Platon était la préface humaine de l'Évangile, Moïse en était la préface divine; mais l'Église possède seule le *Verbum caro factum*[1] dans sa plénitude, *Dei virtutem et Dei sapientiam*[2] : et cette synthèse est fidèle à elle-même.

---

[1] « Le Verbe fait chair. »
[2] « Force de Dieu et sagesse de Dieu. »

*
* *

Vous savez que nul homme n'a jamais eu un disciple fidèle, et pas même lui-même; vous connaissez l'homme, ce monstre d'inconstances, ce prodige de faiblesse; vous avez contemplé, ne fût-ce qu'un instant dans votre vie, la défaillance de toute créature; vous savez à quoi tiennent les hommes, les institutions, et ce qu'il faut de vent pour renverser tout ce qui est debout ici-bas; pourtant vous voyez trois choses :

1º L'existence réelle des saints;

2º L'existence réelle de l'unité : un homme dans l'Église est d'accord avec lui-même et avec tous;

3º L'existence d'un fait social, l'Église, qui survit à tous les faits, sans aucun moyen connu d'existence et de durée, ne cédant rien de son esprit et de sa doctrine, faisant tout céder à sa doctrine et à son esprit.

Pouvez-vous voir ces trois choses, demeurer calme en face d'elles, et dire avec assurance : « Cela ne signifie rien ? »

Les héros sont là pour nous avertir que les saints ne sont pas possibles humainement.

Luther est là comme type du réformateur. Il est là, racontant aux générations ce que devient une doctrine livrée à ses apôtres, livrée à son apôtre, à son inventeur.

Toutes les institutions doctrinales sont là, ou plutôt ne sont plus là; mais l'histoire nous dit combien de temps elles durent dans les pays civilisés.

Pourtant les saints sont là.

Pourtant l'unité du dogme est là.

Pourtant l'unité de l'Église est là.

Le christianisme est *naturellement* impossible.

Or il est.

Donc il est surnaturellement.

Aucun progrès ne le dépasse, et il dépasse tous les progrès.

Il est assimilable à tout, et il n'est semblable à rien.

Sa présence et son absence produisent dans l'âme d'autres effets que l'absence ou la présence d'une pensée scientifique. Aussi n'est-il pas une opinion : il est une foi, et la foi est une vertu. Ce seul fait établit entre le christianisme et toute autre doctrine une différence que j'indique en passant.

Regardez le monde des idées. Le christianisme triomphe en lui-même.

Regardez le monde des faits. Il triomphe par ses amis, qui atteignent là où l'homme ne peut atteindre, et qui, sans jamais se ressembler, sont fondus dans le même esprit. Il triomphe par ses ennemis, qui le glorifient à leur manière, et semblent mettre je ne sais quelle affectation à nous montrer ce qu'on devient sans lui.

Aucun hommage ne lui manque ; mais l'hommage de la haine est un des plus significatifs. Il agit avec la perfection infaillible de l'instinct. Il est aveugle, et par là même éclairé. Cette haine a un caractère particulier : c'est une fureur d'un genre à part, à laquelle ses plus doux ennemis échappent rarement ; c'est la haine d'un obstacle que l'on sent invincible.

C'est la colère du bœuf qui se casse les cornes contre un mur. Or l'hommage de cette haine précieuse ne s'adresse qu'au catholicisme. Le catholicisme est le point central ; tous les coups frappent sur lui. Tout ce qui a horreur du surnaturel a horreur de lui.

⁂

Tous les esprits puissants ont besoin de synthèse.

Il leur faut une doctrine complète qui rende compte de tout.

Plutôt que de s'en passer, ils abordent hardiment l'absurde, si l'absurde systématisé leur offre l'apparence du repos. Magnifique démonstration ! Nous avons tant besoin de croyance, que nous nous jetterions dans les bras de Fourier plutôt que de tomber dans le vide. Ames agitées en ce siècle terrible ! âmes altérées, qui ne voulez pas puiser à la source ouverte ! jetez les yeux sur vous et sur l'univers. Deux routes vous sont ouvertes : la route des systèmes, celle de la vérité. Les systèmes singent la Vérité; ils veulent tout embrasser, parce qu'elle embrasse tout. Ils veulent être immenses, parce qu'elle est immense. Mais ils sont absurdes, et elle est raisonnable.

Creusez dans le système, vous allez trouver le fond : vous apercevrez l'orgueil d'un homme qui a égaré quelques esprits faibles. Mais le fond de la Vérité, vous ne le trouverez pas. Elle vous plongera dans un abîme fécond, dont les richesses se multiplieront devant vous à mesure que vous vous en approprierez davantage. Plus vous chercherez, plus vous trouverez, et plus vous trouverez, plus vous chercherez ; car l'avidité de l'infini grandit dans l'homme avec sa jouissance. La loi de l'infini, contraire à la loi du fini, c'est de nous apparaître d'autant plus désirable, que déjà nous avons plus goûté de lui.

Les systèmes trompent pour un jour votre inquiétude de l'absolu. Le christianisme la reposerait vraiment. Mais vous préférez le mensonge à la vérité pour deux raisons.

D'abord la vérité oblige, et le mensonge n'oblige pas. Aussi l'éternel cri de la foule retentit de siècle en siècle : *Qu'on délivre Barabbas!*

Ensuite le christianisme vous apparaît comme un fait accompli, tandis que les systèmes, par cela même qu'ils sont inapplicables, gardent le charme de la nouveauté et semblent le secret des siècles futurs.

Retournez votre raisonnement : le christianisme a eu le passé, donc il aura l'avenir. Est-ce que l'univers va changer de Dieu ? Pensez-vous que le Créateur, fatigué, remette ses pouvoirs à un successeur quelconque ? Or, si Dieu ne change pas, la religion ne changera pas. Celle qui a été vraie une minute sera vraie tant que Dieu sera Dieu. Craignez-vous que l'homme ne dépasse Dieu, que nos progrès ne l'étouffent, et que l'infini ne soit plus assez grand pour nous ?

Mais non : le christianisme irrite l'homme autant qu'il l'attire, tandis que l'erreur, qui n'est rien, n'agit pas sur lui. Il n'est pas rare d'entendre un homme, raisonnable d'ailleurs, mais ennemi de Jésus-Christ, déraisonner en approchant de lui et abjurer le bon sens s'il entrevoit l'Église dans le lointain. C'est là, c'est au centre des mystères que les aveugles voient et que les voyants ne voient plus.

Le Verbe se fait chair : il prend place

dans notre monde. Vous abordez un homme et vous lui dites : « Quel accueil lui sera-t-il fait? — Dieu, vous répondra-t-on, est l'Éternel vainqueur. Il se servira, pour sa gloire, de la nature et de l'humanité. Les hommes seront des saints; ils feront des miracles que la création subira, et la terre sera transformée. »

Vous quittez cet interlocuteur, vous en abordez un autre, et vous lui posez la même question : « Dieu, vous répondra-t-on, est l'Éternel vaincu; on va le railler, le battre, le crucifier. »

Un troisième passe; vous l'abordez encore, et vous lui citez les deux réponses : « Voilà ce que deux hommes m'ont assuré, dites-vous; lequel des deux dois-je croire? — Tous les deux, » répondra le troisième, et le troisième aura raison. C'est qu'en effet Dieu, qui par son attraction réunit dans l'amour les êtres le plus naturellement faits pour ne pas s'entendre, qui triomphe de toute race, de toute haine, de tout préjugé; Dieu, par sa force de répulsion, unit aussi dans la haine de lui-même, s'il est permis d'appeler union la communauté de la mort, les êtres les plus faits pour ne pas s'entendre.

Et certes, ils ne s'entendent pas. Mais ils se pardonnent toutes leurs dissidences en faveur d'un seul accord, la haine de Dieu. Leur nom est toujours légion; mais ce point donne à la légion je ne sais quelle unité horrible, parodie de l'autre. Gœthe aime Voltaire, que certes il est digne de haïr; mais il l'aime, parce que tous deux haïssent le christianisme.

Pourtant ils ne le haïssent pas de la même façon.

La position de Voltaire vis-à-vis du christianisme est franche; c'est l'aveuglement complet. C'est la tranquillité qui vient de la stupidité absolue. N'entrevoyant rien, il évite jusqu'au trouble.

Gœthe, au contraire, est un homme intelligent. Aussi est-il conduit à chaque instant dans la direction du christianisme; mais, comme la main de Dieu est la seule qui introduise dans le temple, Gœthe, qui veut se réduire à ses propres forces, n'entre pas. Par là il proclame deux choses : la tendance des grands esprits, et la punition des volontés mauvaises. A chaque instant il constate une vérité qui serait comme le pressentiment du christianisme. Mais il est condamné par la haine à ne pas avancer dans la connaissance. Il commence la route et ne pousse pas jusqu'à Dieu.

Cette situation d'esprit ne lui est pas particulière. Elle est commune à tous les hommes intelligents qui volontairement ne sont pas chrétiens. Frappés à tout moment par quelque idée qui les rapproche du christianisme, ils s'abjurent eux-mêmes et s'arrêtent dans leur élan plutôt que d'aller vers lui. Ils repoussent toute lumière qui menacerait de devenir la lumière chrétienne. Ils s'interdisent les horizons qui attireraient la vue de ce côté. Le christianisme rayonne de tous côtés. Ils sentent son approche inquiétante. Car les vérités naturelles lui servent de prélude, d'introduction, et *l'âme est naturellement chrétienne.*

Il semble voir des exilés volontaires qui étouffent sur la terre étrangère. L'air respirable pour eux, c'est l'air de la patrie; mais dans cette patrie il faut être citoyens. Or ils veulent être rois, et détestent le seul roi légitime. Ils s'éloignent pour ne pas le voir, mais ils étouffent en s'éloignant. Rappolés par l'intelligence, ils sont écartés par la haine. Ils rôdent alors, comme des malfaiteurs, autour des murs qu'ils se sont fermés, ont peur et besoin de la lumière, font un pas en avant, un pas en arrière, aspirent une bouffée d'air, la rejettent et s'enfuient. Ce qui ressemble à la cité habitable leur plaît. La cité elle-même leur déplaît; car elle impose à tous ses lois. Dans leur course folle, ils se heurtent de temps en temps le front contre les murs sacrés des palais qui pourraient être à eux, puis s'écartent épouvantés, reviennent encore, et regardent avec une haine mêlée de désir les douze grandes portes de la ville qui pourrait devenir leur patrie !

*
* *

Si le christianisme est d'une nécessité évidente pour l'immense majorité des hommes qui n'ont pas le temps de chercher leur croyance, et qui pourtant ont besoin de croire, il n'est pas moins nécessaire au penseur, qui a besoin de croire aussi, qui est un homme aussi, un enfant quelquefois, et qui, livré à lui-même, peut s'attendre à tout de la part de lui-même. Hégel en est un solennel exemple. Nous ne l'avons pas quitté, même quand nous avons prononcé d'autres noms que le sien. Il représente la synthèse de l'erreur moderne ; il est l'aboutissant des erreurs précédentes ; nous allons le résumer en le quittant et résumer nos vues sur l'Incarnation, considérée comme synthèse de la Vérité.

La contradiction, en tant qu'elle est le mal et le néant, Hégel la regarde comme éternelle, nécessaire, et définitivement victorieuse. Il affirme l'identité du bien et du mal, la nécessité, la fatalité de tous les deux. Il appelle « harmonie » cette chose qui ne devrait pas avoir de nom ; il appelle « Dieu » la substance qui supporte cet accident épouvantable : aussi promet-il au mal un règne éternel comme au bien. Hégel croit que la collision dont nous sommes les acteurs et les victimes est l'état définitif et nécessaire des êtres. Ayant oublié la liberté de l'homme, il croit le péché nécessaire. Il lui ôte son nom, et par conséquent son caractère. Il en fait une des formes du développement universel. Ayant oublié Dieu, il oublie, en même temps que la différence du bien et du mal, la victoire de l'un sur l'autre, et le triomphe éternel de l'être.

Par exemple :

Nous avons sous les yeux le vice et la vertu. Hégel croit que tous deux constituent l'ordre, le constituent nécessairement, éternellement, à titres égaux. Hégel, chrétien, eût vu la vérité et l'eût vue de bien haut. Non, le péché n'est pas semblable à son contraire. Il est le mal. L'homme qui le commet librement sera puni. Non, le péché n'est pas dans l'ordre, mais il sera réduit à l'ordre dans l'éternité par le moyen de la justice et de la miséricorde.

Si la contradiction devait toujours durer telle qu'elle est aujourd'hui, loin de constituer l'harmonie telle que Dieu la veut, elle en serait la négation définitive. Mais résolue un jour dans l'unité par la sagesse absolue qui encadre le désordre dans un ordre plus large que lui, elle deviendra un accent de l'harmonie immense. Il est faux que le bien et le mal soient identiques; il est vrai que tous deux peuvent trouver place dans l'ordre absolu. L'enfer sera dans l'ordre où le péché n'était pas, et chaque chose fera sa partie dans le grand concert.

Le jour où les oppositions relatives seront levées à nos yeux, le jour où l'éternelle justice et l'éternelle miséricorde trahiront leur unité en dévoilant leur essence, les contradictions réelles, absolues, trouveront en Dieu leur destinée écrite, et, sans s'identifier entre elles, s'accorderont avec l'ordre absolu, prenant chacune leur place dans l'harmonie universelle par la vertu une et active de l'infini.

Les oppositions relatives rencontrent une solution absolue.

Les contradictions absolues rencontrent une solution relative.

⁂

Réfléchissant à ces choses, desquelles dépendra mon avenir humain et mon avenir éternel, sous le regard de Dieu que je ne tromperai pas, engagé dans la chaîne des êtres, appelé à faire un choix, considérant que je suis créé pour la vie et non pas pour la mort, pour la vérité et non pas pour l'erreur, pour l'amour et non pas pour la haine; considérant qu'incapable d'arriver par moi-même au but où je tends, j'ai besoin d'une main qui m'y conduise, je m'adresse à l'Église éternelle.

Cette Église a parlé une parole toujours la même, parce que, divine, de saint Pierre à Pie IX elle n'a pas varié : elle ne variera pas. Que les trônes croulent ou s'élèvent, elle parle, et parle d'une voix immuable. Par où que je regarde, en avant, en arrière, je suis enveloppé par la continuité de la parole. Je suis d'accord avec mes Pères de Nicée, avec mes Pères de Tolède, avec mes Pères de Laodice, avec mes Pères de Trente. Je suis d'accord avec l'humanité, d'accord avec moi, d'accord avec Dieu, qui est plus près de moi que moi-même. Je communie à saint Thomas, et à saint Athanase, et à saint Denys l'Aréopagite, et à Hiérothée son maître, et à saint Anselme, qui ont cru, comme à Isaac, à Jacob, à Abraham, qui attendaient, comme aux enfants chinois que nos missionnaires baptisent. Je salue la science et la foi, qui s'allient dans l'unité. Je prends parti pour la vie contre la mort. Je salue Rome et le saint-siège apostolique. Je me prosterne devant l'héritier des promesses faites à saint Pierre, devant le vieillard, éternel dépositaire des clefs trois fois saintes, représentant de la lumière incréée et son organe infaillible. J'adhère sans restriction à l'unité de l'Église éternelle. Je lui soumets mon œuvre. Je lui soumets les paroles que je prononce en son honneur.

CHAPITRE VII

LA RÉDEMPTION

Nous avons étudié la synthèse dans l'Incarnation. Il est temps de l'étudier dans la Rédemption.

Rien n'est isolé dans ce monde ni dans l'autre. Le courant électrique de la solidarité fait frémir toute la chaîne des êtres à chaque vibration du moindre anneau. Tout donne et tout reçoit. Tout agit et tout réagit. Toute langue humaine a un verbe actif et un verbe passif.

Dans l'ordre primitif, croyons-nous, toute créature touchée eût rendu, comme un instrument d'accord, un son harmonieux, et la réaction eût été douce comme l'action.

Depuis la chute, la nature révoltée a plus de duretés que de douceurs. Rien ne se donne : tout se vend. Dans l'ordre primitif, peut-être eût-il fallu appeler passions les douces sensations de l'homme heureux, le parfum que faisait respirer la rose au roi innocent qui s'approchait de sa corolle. Aujourd'hui elle a des épines pour couronner le roi coupable.

Alternativement maître et esclave, souverain et sujet, grand et petit, fort et faible, vainqueur et vaincu, selon que Dieu lui communique ou lui retire un peu de sa force, l'homme tourne dans une spirale d'actions et de réactions qui lui rappellent tour à tour sa grandeur et sa misère.

Qui trouvera le joint entre ces choses ? Qui dira à l'action : Sois passive, sois humble ? Qui dira à la passion : Sois active, sois glorieuse, sois conquérante ? Qui dira à l'homme que le suprême accablement est peut-être l'élévation suprême ; que la douleur est la chose humaine la plus voisine de Dieu ? — Je ne connais qu'une parole qui puisse ainsi parler : c'est la Croix. En connaissez-vous d'autres ? Les bras et les jambes étendus, *se laissant faire*, Jésus-

Christ a sauvé le monde. La Passion suprême, la Passion de Jésus-Christ, a été l'action par excellence : et la Messe, qui reproduit la Passion, se nomme l'*action*.

« La farce est jouée, » disait en mourant Octave Auguste, empereur du monde. Il avait raison. Qu'avait été la vie d'Auguste, sinon une série d'actes isolés, sans résultat, une dépense inutile ? et qu'est-ce qu'une farce, sinon un fait sans but ?

« Tout est consommé, » disait la Vérité en mourant, et la Vérité disait vrai. La vie de Jésus-Christ avait été l'acte par excellence ; elle avait réconcilié toutes choses avec Dieu. Elle est la note suprême de la grande harmonie. La Croix a consommé l'œuvre.

Jésus-Chrit sacrement devait se dilater multiple sur la terre. Jésus-Christ sacrifice devait se contracter dans l'unité de Dieu.

La Croix conciliatrice a résolu le double problème et l'a fondu. En livrant le corps de Jésus-Christ aux hommes, elle l'a par là même rendu à Dieu. Elle a permis au ciel et à la terre la même communion à la même victime, sacrement ici-bas, sacrifice là-haut. Elle est la clef de la Jérusalem éternelle, où resplendit dans son unité le corps de l'Homme-Dieu, lumière sans fin d'où partent les rayons qui éclaireront les élus, l'éternité durant. Elle est la clef qui a ouvert le sépulcre où devait fermenter trois jours le grain de froment pour multiplier ensuite sur la terre. La Rédemption est accomplie. *Tout est consommé.*

La dette est payée au ciel et payée à l'enfer. Satan n'a pas le droit de se plaindre, il a eu son heure de puissance. *Nunc est hora vestra, et potestas tenebrarum*[1]. Les ténèbres ont triomphé à leur manière. La Lumière l'a bien voulu.

Dieu et l'homme sont deux aimants qui s'attirent d'un côté et se repoussent de l'autre. Dieu appelle l'homme et l'écarte. Il l'écarte, parce qu'il l'aime. Il l'écarte, parce qu'il veut être conquis. La vie et la mort, dans leur tête-à-tête éternel, expliquent le système du monde. *Vis fugere a Deo, fuge ad Deum*[2]. Le Dieu qui vous appelle vous fournira l'arme destinée à vaincre le Dieu

---

[1] « Maintenant c'est votre heure et la puissance des ténèbres. »

[2] « Veux-tu prier Dieu? fuis vers Dieu! » (S. Augustin.)

qui vous résiste. Lui résister passivement, tel est le secret de la grandeur.

De tout temps l'homme a rêvé une bataille dans laquelle il vaincrait Dieu. Et certes, il ne s'est pas trompé complètement. La vie est cette bataille. Seulement l'homme a mal vu le tableau. Il n'a pas trouvé le point. La lumière ne venait pas d'en haut. Il a choisi pour champ de bataille la haine, au lieu de choisir l'amour. Les Titans, voulant escalader le ciel, n'avaient pas complètement tort. Jésus-Christ invite à la violence et ne promet Dieu qu'à son vainqueur. Celui qui voit tout du même coup d'œil dit de la même voix : « Devenez semblables à ces petits enfants ; » et : « Escaladez le ciel. » Prométhée n'avait pas réussi. C'est qu'il avait oublié de s'allier Dieu, cet adversaire adoré, qu'il faut supplier en le combattant. Les efforts des hommes, grands et petits, qui ont voulu la conquête sans vouloir le sacrifice : Manfred, Faust, don Juan, ont abouti à l'inutile, au crime, au ridicule. Mais un enfant de douze ans, qui fait sa première communion, peut être utile aux hommes et forcer Dieu à se rendre.

Le point qui sépare les deux espèces de

conquérants, le point qui détermine la victoire, c'est l'acceptation du sacrifice. *Hoc signo vinces*[1]. Il y a une telle gloire à céder, que Dieu même ne se manifeste jamais plus glorieusement qu'en se laissant vaincre : de là le miracle.

**

Les fautes sont-elles personnelles ? Oui. Chacun se sent personnellement responsable. Personne n'a de remords des fautes d'autrui ; cependant chacun se sent fier ou honteux des gloires ou des ignominies de ce qui le touche. D'où viennent chez l'homme ces convictions intimes, naturelles, et en apparence contradictoires ?

L'humanité, qui hait l'injustice, aime pourtant l'idée du juste souffrant et mourant pour tous. Vous pouvez ne pas comprendre, mais vous ne pouvez pas ne pas voir. Dieu frappe son Fils innocent, qui représente les hommes coupables, et voilà la solidarité. Dieu pardonne aux hommes cou-

---

[1] « Tu vaincras par ce signe. »

pables pour l'amour de son Fils innocent, et voilà, avec la solidarité, le triomphe personnel de l'individu. Je n'explique pas, je constate.

Et que faisait au moment décisif cette victime? Frappait-elle un grand coup? Non; elle le recevait. Et que font les religieux? que font les carmélites? Rien, n'est-ce pas? Les paratonnerres aussi perdent leur temps sur les monuments. Supprimons ces pointes de fer. Que faisait Jésus-Christ sur la croix? Il avait les jambes clouées et immobiles. Je le répète, l'action par laquelle l'Homme-Dieu a fermé le combat et vaincu son Père a été la Passion. Cette attitude de crucifié, signe sensible de l'extrême impuissance, symbole de la Passion, a été l'attitude de la victoire choisie par le triomphateur doux et terrible dont les coups visaient à Dieu.

La croix est entre le ciel et la terre; la croix est au centre du temps, au centre de l'espace, au centre même du mouvement. On allait à elle pendant 4,000 ans, on revient à elle depuis 1,800 ans. Les regards de la terre et ceux du ciel se tournent vers la montagne qu'elle a couronnée. Elle est la base de tout, le centre de tout, le sommet de tout; elle a fondu la science et la vie dans l'unité immense d'une théorie divine réalisée entre le ciel et la terre par un Homme-Dieu.

Comme dans l'humanité, l'homme représente la liberté, et la femme la nature; ainsi, sur le globe habité, l'Orient est la terre de la nature, et l'Occident celle de la liberté. Jésus-Christ, qui fait appel à la liberté pour redresser et reconquérir la nature, meurt en Orient et meurt tourné vers l'Occident. C'est à l'Occident qu'il tend les bras; c'est à l'Occident que va son regard; c'est à l'Occident qu'il a construit Rome.

Dans le monde ancien, Rome et la Grèce avaient déjà, au nom de la liberté, vaincu l'Asie, Troie, la Perse, qui représentaient la nature. La nature avait plié sous la force conquérante. C'est en Occident qu'Alexandre avait dompté Bucéphale, pour vaincre ensuite le monde.

Le cheval, c'est la nature ardente et indomptée, que l'homme dresse, assouplit, excite ou calme comme il veut.

Plus tard, la chevalerie est née en Occident. C'est à l'Occident que la victime expirante laisse la croix ; c'est l'Occident qui le premier arborera cet étendard.

La civilisation et la science ont été léguées d'abord à cette Europe, qui devait la première recevoir la croix, et les nations qui possèdent la croix sont les seules qui possèdent le paratonnerre. *O altitudo!* L'Occident est le champ de bataille ; mais, quand la liberté humaine aura vaincu la nature, alors viendra l'âge de l'intuition. L'Orient viendra sans doute alors et arborera la croix à son tour. Enfin l'Orient et l'Occident seront réunis dans la vallée de Josaphat, et la croix apparaîtra triomphante, ouvrant le règne éternel de Dieu.

* * *

Plus un homme est placé haut, plus il demeure seul.

L'ange de l'isolement frappe tout ce qui s'élève.

Aux élévations de la pensée correspondent souvent les déchirements du cœur. Et pourtant les grands hommes, les grands isolés, deviennent les liens qui unissent entre eux les hommes ordinaires. Du fond de leur solitude, ils lancent dans la société humaine les grandes découvertes, les grandes œuvres, qui en deviennent le ciment. Transportez cette vérité naturelle dans l'ordre surnaturel et dans le domaine de l'infini. La croix est l'isolement absolu. Pourtant le Crucifié réconcilie toutes choses entre elles et attire tout à lui.

Si exaltatus fuero, omnia ad me traham. Il est la synthèse universelle.

Par une légèreté et une ignorance dont les causes mériteraient d'être recherchées, quelques-uns en sont venus à adopter la morale chrétienne, du moins en théorie, et à rejeter le dogme chrétien. Ils ont oublié que la morale chrétienne étant l'expression pratique des vérités dont le dogme est l'expression théorique, admettre l'une et rejeter l'autre, c'est admettre la conséquence et rejeter le principe.

Ici encore Jésus-Christ apparaît comme conciliateur. La contemplation de cet être immense ferait fondre les ténèbres. Le dogme de l'Incarnation est la démarche de Dieu vers l'homme. La morale chrétienne est la réponse complète de l'homme qui retourne à Dieu. Jésus-Christ, comme lumière de Dieu, est la raison et la substance même du dogme. Jésus-Christ, comme lumière de l'homme, est la raison et la substance même de la loi. En tant qu'il est l'art divin, il préside à la conduite de Dieu. En tant qu'il est la fin dernière, il préside à la conduite de l'homme. Or, sur la croix, Jésus-Christ réalise et consomme absolument les desseins de Dieu, et à la fois il réalise le salut du monde. Il apparaît comme sacrifice. Il apparaît comme sacrement. Il apparaît comme Dieu. Il est le dogme de la Rédemption. Il apparaît comme homme. Il est la sainteté absolue. Prêtre et victime en même temps, il est la vérité absolue, vérité à la fois dogmatique et morale. *Omnia in ipso constant.*

Il est à remarquer que Dieu se réserve, en général, la science de l'équilibre. Livré à lui-même, l'homme est le paysan ivre de Luther, qui penche tantôt à gauche, tantôt à droite. Jésus-Christ a le secret de l'équilibre, et son nom de *pontife* en est le signe. En dehors de lui l'homme penche. Je demande la permission de signaler, à propos de la croix, comme type de l'équilibre, une analogie que je trouve frappante.

L'attraction est la loi du monde. L'attraction est une loi, elle n'est pas une force. Le mot *force* impliquerait une puissance attachée aux corps, inhérente à eux ; le mot *loi* indique l'être absolu comme source de toute-puissance.

L'attraction est la loi du monde. Les corps s'attirent en raison directe de leur masse, et en raison inverse du carré des distances. La terre est attirée par le soleil. Mais comme la force centrifuge, laquelle n'est encore qu'une loi, contre-poids naturel de la force centripète, maintient dans l'ordre de l'univers le système de la pondération, la terre prend un terme moyen, et tourne autour de l'astre, qui l'attire au lieu de se jeter sur lui. L'homme est attiré par Dieu. Il crie, il hennit vers lui : c'est la force centripète. De l'autre côté, la matière, le fini, le limité l'attire aussi. Il est tombé : sa chute réclame ses droits. Ainsi embarrassé et tiré en sens contraire, que fera l'homme ? Il ira vers Dieu, et la matière sera sa voie ; non pas la matière victorieuse et indomptée, — celle-là l'écarterait du but, — mais la matière soumise, la chair du Verbe, le médiateur. Sans figure de style, au bord de l'abîme il rencontrera le pontife. Dans l'ordre primitif, l'homme innocent eût traversé sans douleur, mais l'homme déchu paye le passage, et le pont est une croix. L'obstacle devient un moyen, suivant l'usage de Dieu.

Poursuivons.

L'homme, ayant découvert la loi de notre rotation, s'est dit : Si deux forces peuvent s'unir pour en composer une qui soit la résultante des deux autres, une force peut sans doute aussi se décomposer en deux forces qui, réunies, équivalent à la force unique dont elles procèdent. Puisqu'il y a synthèse, il peut y avoir analyse. Voici un pont suspendu. Posons sur lui une force que nous nommerons x, et ne divisons pas la charge. Le pont sera trop faible. Il ne supportera pas son *épreuve*. Mais si, profitant de la loi que nous avons constatée, nous pouvons décomposer la force qui tire en bas et faire peser non plus sur un point mais sur plusieurs; si nous pouvons partager l'épreuve entre les diverses forces de résistance devenues solidaires de l'effort commun, peut-être l'équilibre que nous cherchons sera-t-il réalisé. De là la merveille des ponts suspendus, sublime image de la solidarité.

C'est ici que je fais appel à l'attention de ceux qui croient que le monde visible manifeste et reflète le monde invisible, qui en est le type et l'explication.

J'aime mieux indiquer le mystère que de porter la main sur le voile qui le couvre. Souvenons-nous que le *pontife*, chargé de son *épreuve*, chargé de sa croix, n'a pas dédaigné un secours humain. Simon le Cyrénéen n'a pas été inutile. Et nous, qui marchons ensemble, côte à côte, sur la route, regardons Celui en qui réside substantiellement la loi de l'équilibre, Celui qui nous a dit de porter les fardeaux les uns des autres, et qui a promis de se trouver là où deux ou trois âmes le prieraient réunies ensemble.

Rattachons cette pensée aux pensées que la croix fait naître.

Qu'est-ce que l'épreuve des justes? C'est la lutte du bien et du mal qui se manifeste en eux. Avec leur fardeau ils portent celui des autres.

Si nous fixions nos regards sur la reversibilité, l'aspect du monde changerait pour nous. On dit souvent que les méchants prospèrent, que tout leur succède, et que les bons sont traversés dans leurs entreprises. Mais qui réussit? Qui ne réussit pas? Savons-nous ce que c'est que réussir? Qu'est-ce qu'agir? Qu'est-ce que perdre son temps? Au moment où vous dites : *Je travaille, et cet homme ne fait rien*, peut-être c'est vous qui ne faites rien, malgré le mouvement que vous vous donnez; peut-être cet homme immobile vous sauve de la mort et de la damnation; peut-être, pendant que vous dormez, c'est lui qui veille; peut-être il agit comme médiateur. Qui sait si le succès des méchants ne s'explique pas quelquefois par l'absence de la croix! Absorbés tout entier par le réel, ils ne sont pas traversés par l'idéal.

Mais il n'est pas inutile de dire aux hommes, bons et mauvais, la vérité que voici : La douleur n'est pas la souffrance, et le plaisir n'est pas la joie. La douleur et le plaisir sont deux accidents qui se passent dans notre âme, mais qui ne l'atteignent pas toujours dans sa racine, dans ses derniers retranchements. La joie et la souffrance la pénètrent, et l'ébranlent dans ce fond intime que la main de Dieu se réserve peut-être le pouvoir de remuer : ce sont des attouchements profonds, intérieurs et redoutables, supérieurs aux choses sensibles qui leur servent quelquefois d'occasion. Ce sont les mystères de l'âme ; ils se passent dans un sanctuaire où l'œil humain ne pénètre pas, et la parole humaine ne peut pas les raconter. La joie est le transport idéal dont a parlé le prophète quand il a dit : *Exaltationes Domini in gutture eorum*[1], et la souffrance a arraché à la grande Victime ce cri suprême : « Mon Dieu, mon Dieu, pourquoi m'avez-vous abandonné ? »

Or voici un fait que je crois incontestable : Ceux-là seuls connaissent la joie qui ont traversé la souffrance ; la souffrance, c'est l'opposition sentie ; la joie, c'est l'harmonie pressentie. Enfin les saints déclarent (et si leur témoignage nous étonne, qu'importe), les saints déclarent qu'ils trouvent la joie dans la souffrance. Cette opposition, si insoluble en apparence, est levée au fond des âmes : elle est levée par la croix, en

---

[1] « L'exaltation du Seigneur est dans leur bouche. »

faveur de ceux qui sont entrés déjà dans le domaine de l'harmonie.

Et ce mot terrible, *croix*, y avez-vous réfléchi ? La contrariété n'est-elle pas l'épreuve ? Si les églises de pierre ont depuis dix-huit siècles la forme visible de la croix, les âmes humaines, que saint Augustin appelle des temples, n'ont-elles pas la forme idéale de la croix ?

Saint Paul déclare qu'il accomplit ce qui manque aux souffrances de Jésus-Christ. Il leur manque donc quelque chose ? Nous entendons dire tous les jours que Jésus-Christ est la tête et que l'Église est le corps, mais nous y pensons peu. Nous sommes pourtant *en vérité* les membres d'un même corps. Cela est ainsi : ce n'est pas, comme vous le croyez peut-être, une phrase, c'est une réalité. Nul homme ne fait mal à un autre homme sans se faire mal à lui-même. Si la solidarité nous disait quelques-uns de ses secrets, nous tomberions la face contre terre. Nous nous voyons quelquefois agir sur un homme. Mais nous agissons continuellement sur tous les hommes sans y penser. Nous apercevons quelquefois une des conséquences de nos actions. Mais cette conséquence, pour être la seule visible, est-elle la seule réelle ? Pensons-nous à ce rayonnement universel de nous-même, de notre âme, de notre corps, de notre action, de nos paroles ? L'univers est une immense plaque photographique, et tout exerce sur tout un reflet mystérieux.

Dans l'ordre physique, nous ne saisissons notre rayonnement que dans le point précis où une plaque préparée le fixe sensiblement. Il est partout cependant, moins visible, mais aussi vrai.

Chacun de nous remplit l'univers de son image, et si nous ne nous voyons pas partout, c'est que la chimie ne dresse pas partout d'appareil photographique : l'image est toujours là, c'est la plaque seule qui manque. L'acide pyrogallique révèle le rayonnement ; mais il existe sur la plaque avant lui : il le constate, il ne le crée pas. Dans l'ordre moral, nous ne croyons aux rayons qui partent de nous que là où nous les voyons s'arrêter et agir sensiblement. Nous ne pensons pas que nos âmes, victorieuses des lieux et des siècles, apportent un peu de vie ou un peu de mort à l'autre extrémité du temps et de l'espace, et que des âmes innombrables, qui n'ont avec nous aucun commerce sensible, profiteront de nos victoires ou souffriront de nos défaites.

Les effets de l'électricité, les réservoirs, les décharges, les chocs, les chocs en retour, toutes ces choses qui, soupçonnées plutôt que connues, nous remplissent déjà d'une admiration mystérieuse et terrifiée, ne reproduisent-elles pas ces courants d'une espèce à part, ces courants absolument immatériels qui remplissent le monde? Ne symbolisent-elles pas ces combats de la lumière, qui, incessamment reçue, repoussée, envoyée, renvoyée, cherchée, évitée, reflétée, opère dans le monde des esprits et marche où il lui plaît, suivant les angles qu'elle choisit? Le télégraphe électrique, pour ne citer que lui, eût paru, il y a quelques années l'impossible : ne semble-t-il pas symboliser et indiquer sensiblement certaines choses, qui paraissent encore aujourd'hui aux esprits arriérés l'impossible? Le progrès, dans toutes les directions, consiste à reculer les limites de l'impossible; et, pour reculer les limites de l'impossible, la disposition la plus favorable, c'est la croyance au mystère.

L'unité radicale du corps du Christ est une chose profondément ignorée. Elle remplit l'Écriture, et nous ne l'y remarquons pas. *Celui qui accomplit tout en toutes choses* doit, selon toute apparence humaine, être complet lui-même, puisqu'il est la plénitude ; mais toute vérité est mystérieuse, et toute doctrine qui ne s'appuie pas sur le mystère est par là même condamnée. Aussi l'homme porte-t-il en lui deux dispositions qui semblent contradictoires et qui ne le sont pas : l'amour de l'évidence et l'amour du mystère. Or Jésus-Christ, en qui réside substantiellement la plénitude de Dieu, selon saint Paul, attend lui-même, selon le même saint Paul, sa plénitude de l'humanité. Ne dira-t-il pas au jour du jugement : « J'ai eu faim, et vous m'avez nourri ? » Il a donc faim encore ! « Le péché, dit l'Écriture, dissout le Christ. » En effet, il arrête la formation de son corps, et voici comment. Le corps de l'Homme-Dieu, mis en terre, comme le grain de froment, doit ressusciter multiple, parce qu'il est mort ; mais les frères du Rédempteur, premier-né entre tant de frères, sont héritiers de la rédemption. Que l'homme donc renonce à son rôle de Rédempteur; qu'il refuse de prendre part à l'œuvre, qui est à la fois Passion et Action; qu'il refuse de subir Dieu pour s'assimiler à lui, cet homme refuse d'entrer dans le corps du Christ; il s'oppose à sa formation; il le dissout dans la mesure de son pouvoir.

L'ancien monde, ombre et figure, avait pour but, sous le règne de la loi, de former le corps matériel du Christ; le nouveau monde, plein de vie et de grâce, a pour fin dernière la mission de former le corps idéal du Christ, qui attend de la liberté humaine son achèvement et l'intégrité de ses membres.

Toutes les créatures appartiennent à l'homme, tendent à l'homme, et l'homme tend à Dieu par Jésus-Christ.

Ainsi Jésus-Christ, Dieu et homme, est la fin dernière de tout ce qui existe, et l'opération de l'univers apparaît simplifiée; il s'agit de le faire, de l'accomplir dans un sens très réel. *Veritatem facientes in charitate,* « faisant la vérité dans l'amour. »

Réaliser l'idée par des signes sensibles, continuer l'œuvre de la Vierge Marie, donner naissance au même Verbe par des paroles qui sont des actes, par des actes qui sont des paroles, lever l'opposition, préparer l'harmonie : telle est la loi chrétienne.

« Qu'ils soient consommés en un, comme mon Père et moi nous sommes un ! » Quand ce cri sortit de la poitrine de Jésus, un instant après il allait être livré aux bourreaux, un instant avant il venait d'instituer l'Eucharistie.

Il prononce alors le cri suprême de l'harmonie absolue, proclamée au sein de l'opposition absolue. Celui qui allait être trahi par ses amis, crucifié par ses ennemis, abandonné de tous, renié par le chef de son Église, et, dans un certain sens, délaissé par Dieu son Père; celui qui allait perdre la figure d'un homme et prendre celle d'un ver de terre; celui dont les soldats allaient se moquer, proclame, en face de Dieu et de l'humanité, la paix faite. Il proclame son unité avec Dieu le Père, l'unité des hommes entre eux, seconde unité, image de la première. Il est un seul Dieu avec son Père, et, afin de se faire un avec les hommes unis, il vient de fonder l'Eucharistie. Il veut être un avec les hommes de la même unité qu'il possède vis-à-vis de Dieu. Mais comment faire? Tout Dieu qu'il est, comment fera-t-il? Je vous le dis : Il vient de fonder l'Eucharistie comme pour répondre à la dernière objection ; ce sera le sang de l'Homme-Dieu qui circulera dans les veines des hommes. Commencez-vous à entrevoir, vous qui parlez d'unité, ce que l'union hypostatique a fait du monde? Cette harmonie immense, proclamée au sein de l'opposition immense, est la fondation de la religion chrétienne. Aussi le Médiateur domine de si haut la situation, qu'il proclame déjà son œuvre faite, comme s'il oubliait qu'il lui reste à mourir : *Opus consummavi*[1].

Et nunc clarifica me tu, Pater, apud temetipsum claritate quam habui, priusquam mundus esset apud te[2].

Le condamné à mort, qui voit dressé devant lui le gibet des esclaves, réclame de Dieu le Père la splendeur éternelle qu'il possédait dans son sein avant que le monde fût.

---

[1] « J'ai achevé mon œuvre. »
[2] « C'est à vous maintenant, ô Père, de faire resplendir au dehors la gloire que j'ai en vous-même; cette gloire que je possédais en Vous, avant l'existence de l'univers. »

En face de l'opposition immense et de l'immense harmonie, je ne connais de réponse possible que le *Credo* et l'*Amen* de l'Église. Je crois à la parole de Dieu fait homme, parole condamnée par les hommes, qui fondera l'unité et le royaume à venir. Je crois à la vertu de son sang; je crois à la prière exaucée de la vie éternelle qui va à la mort; je crois à la prière exaucée de la lumière glorieuse qui, près de subir la nuit du jardin des Olives, promet à ses cohéritiers les splendeurs de l'éternelle union et de la vision béatifique. *Omnia in ipso constant*[1].

* * *

« La divinité du Seigneur Jésus, dit le bienheureux Hiérothée, est la cause et le complément de tout; elle maintient les choses dans un harmonieux ensemble, sans être ni tout ni partie; et pourtant elle est tout et partie, parce qu'elle comprend en elle et qu'elle possède par excellence et

---

[1] « Toutes choses existent en Lui. »

de toute éternité le tout et les parties. Comme principe de perfection, elle est parfaite dans les choses qui ne le sont pas; et en ce sens qu'elle brille d'une perfection supérieure et antécédente, elle n'est pas parfaite dans les choses qui le sont. Forme suprême et originale, elle donne une forme à ce qui n'en a pas; et dans ce qui a une forme, elle en semble dépourvue, précisément à cause de l'excellence de la sienne propre. Substance auguste, elle pénètre toutes les substances, sans souiller sa pureté, sans descendre de sa sublime élévation. Elle détermine et classe entre eux les principes des choses, et reste éminemment au-dessus de tout principe et de toute classification. Elle fixe l'essence des êtres. Elle est la durée, elle est plus forte que les siècles et avant tous les siècles.

« Sa plénitude apparaît en ce qui manque aux créatures; sa surabondance éclate en ce que les créatures possèdent. Indicible, ineffable, supérieure à tout entendement, à toute vie, à toute substance, elle a surnaturellement ce qui est surnaturel, et suréminemment ce qui est suréminent. De là vient (et puissent nous concilier miséricorde les louanges que nous donnons à ces prodiges qui surpassent toute intelligence et toute parole!), de là vient qu'en s'abaissant jusqu'à notre nature, et prenant en réalité notre substance, et se laissant appeler homme, le Verbe divin fut au-dessus de notre nature et de notre substance, non seulement parce qu'il s'est uni à l'humanité sans altération ni confusion de sa divinité, et que sa plénitude infinie n'a pas souffert de cet ineffable anéantissement; mais encore, ce qui est bien plus admirable, parce qu'il se montra supérieur à notre nature et à notre substance dans les choses mêmes qui sont propres à notre nature et à notre substance, et qu'il posséda d'une manière transcendante ce qui est à nous, ce qui est de nous. »

(*Œuvres de saint Denys l'Aréopagite*, traduites du grec; précédées d'une introduction par l'abbé Darboy, p. 361.)

CHAPITRE VIII

LA CROIX

Ai-je tout dit? Non. Saint Paul n'a pas cru avoir tout dit au moment où il venait de faire sa profession de foi et sa profession de science, déclarant qu'il ne voulait savoir que Jésus-Christ. Jésus-Christ, principe et fin dernière des choses, ne lui suffit pas. Le Thabor ne lui suffit pas. Il demande une autre montagne. Il ajoute au nom de Jésus-Christ un autre mot; il veut savoir Jésus-Christ crucifié.

Jetons un coup d'œil sur le monde idéal. Il est, depuis 1800 ans, informé, dominé par un signe étrange qui s'appelle le signe de la croix. Jetons un coup d'œil sur la terre habitée, sur la planète. Le temps et l'espace sont divisés en deux parties. Dans l'une, la croix est présente ; dans l'autre, elle est absente.

Le signe de la croix est la distinction entre le ciel et l'enfer. Il est le premier effort de la main de l'enfant, le dernier effort de la main du vieillard, et partout où cela n'est pas ainsi, le ciel n'est pas. Bientôt après, en vertu de cette habitude humaine que j'ai déjà constatée, la terre cède la place à l'enfer, et la civilisation meurt devant la barbarie. Les contrées où la croix ne domine pas les paysages, où nul clocher n'apparaît au voyageur sur la montagne, sont habitées par des hommes qui généralement se mangent entre eux.

La croix greffe un Dieu sur un homme, et nulle parole, même la plus exagérée en apparence, ne pourra dire ce qu'elle est.

Néanmoins, puisque la parole nous est donnée, disons d'elle quelque chose.

⁂

Le monde a été créé suivant les lois mathématiques, aperçues par Dieu dans le Verbe. Le monde a été créé *in numero, in mensura, in pondere*[1].

In numero. Arithmétique, temps.

In mensura. Géométrie, espace.

In pondere. Poids, mouvement, attraction.

Il a été racheté par le même Verbe et suivant les mêmes modes. Il y aurait probablement, entre les jours de la semaine créatrice, et ceux de la semaine rédemptrice des analogies que Dieu sait.

In numero. Sciens quia tempus venit, nunc est hora vestra[2]. Voici le temps, l'heure. La Rédemption s'accomplit dans le nombre, *in numero*. Mais cette heure est l'heure par excellence. Elle est l'heure centrale. « Mon heure n'est pas encore venue, » avait dit le Verbe au moment où il ne faisait encore

---

[1] « Dans le nombre, dans le poids, dans la mesure. »
[2] « Dans le nombre : sachant que le temps arrive... Maintenant voici votre heure. »

qu'un miracle. Cette heure est placée au milieu des heures, au centre du temps. Elle résume le temps. L'AGNEAU a été égorgé dès l'origine du monde, et le sacrifice doit se renouveler sur l'autel jusqu'à la fin des temps.

In pondere. Quand je serai là-haut, j'attirerai tout à moi (*omnia*, et non pas seulement *omnes. Homines et jumenta salvabis*[1]). Je serai devenu le centre, et par là l'attraction elle-même, la loi de l'attraction et le fait de la suprême attraction, l'aimant universel.

In mensura. Écoutons la géométrie nous parler de la croix. La géométrie, qui est la rigueur même, et qui par là semble ne rien devoir indiquer sans en faire à l'instant l'objet d'un théorème, a encore une fenêtre ouverte sur l'infini.

Examinons rapidement la synthèse universelle.

Quelle est la forme absolue de l'opposition morale ?

---

[1] « Tu sauveras les hommes et les animaux. »

C'est l'être infiniment parfait maudit de Dieu. C'est le juste portant le fardeau du péché humain dans sa totalité.

Mais voici une parole de la vérité éternelle :

« Il est entré une seule fois dans le sanctuaire, non avec le sang des boucs et des veaux, mais avec son propre sang, nous ayant acquis une rédemption éternelle. C'est pourquoi il (Jésus-Christ, victime sans tache) est le médiateur du Nouveau Testament, afin que, par la mort qu'il a soufferte pour expier les iniquités qui se commettaient sous le premier Testament, ceux qui sont appelés de Dieu reçoivent l'héritage qu'il leur a promis. »

Quelle est la forme absolue de l'opposition métaphysique ?

C'est la vie éternelle subissant la mort.

Exanimavit semetipsum[1]. La vie humaine était déjà pour lui un anéantissement. Or il s'anéantit jusqu'à la mort humaine. Car voici une autre parole :

« Il a plu au Père que toute plénitude résidât en lui, et de réconcilier toutes choses

---

[1] « Il s'est lui-même anéanti. »

avec soi, par lui, ayant pacifié par le sang qu'il a répandu tant ce qui est sur la terre que ce qui est au ciel. »

Jésus-Christ, poussant un grand cri, baissa la tête et expira.

Tout était consommé.

Quelle est la forme absolue de l'opposition géométrique ?

C'est la rencontre de deux parallèles.

Un jour, par ordre du proconsul romain, un arbre fut abattu dans une forêt. C'était un sycomore. Les ouvriers galiléens reçurent l'ordre de le tailler. Ils ne le taillèrent pas sans peine. Il leur fallait réaliser le plan géométrique aperçu par Dieu dans le Verbe, qui allait être cloué sur ce morceau de bois. Sur ce bois, en effet, fut cloué le Verbe fait chair. Le corps fut dressé verticalement : ligne de vie ; les bras furent étendus horizontalement : ligne de mort. Ainsi se résuma le sacrifice, qui contient la vie et la mort réconciliées.

Toutes choses s'embrassèrent dans un baiser immense. Car le bois du sycomore fut croisé. Ses lignes, parallèles tant que l'arbre avait vécu, tant que les racines avaient été en terre, se coupèrent à angles droits, à angles égaux. L'arbre prit la forme d'une croix et fut transporté sur la montagne.

La vie et la mort se traversèrent, et, se coupant à angles droits, chantèrent une musique infinie, qui entraîna dans le même accord l'essence éternelle et les choses créées, Dieu, l'homme et la nature. Dieu le Père, revenu de sa fuite infinie, ne se repentant plus d'avoir fait l'homme, atteignit et embrassa la création sur cet épouvantable sommet. Il trouva encore une fois son œuvre bonne.

Or voici un *postulatum* de mathématique transcendante :

LES PARALLÈLES SE RENCONTRENT A L'INFINI.

Omnia in ipso constant[1]. Je le dis avec une sorte de terreur : la vie et la mort se tiennent debout ensemble (*cum stant, constant*), sur la terre et sous les cieux.

---

[1] « Toutes choses se trouvent en Lui. »

* *
*

Le panthéisme n'a pas de croix. Sa ligne, c'est la ligne horizontale. La terre s'étend aux regards, isolée et désolée. L'infini est absent. Les créatures sont ensemble, mais elles ne se tiennent pas debout, et aucun Dieu ne les redresse. Du mot chrétien, du grand mot si simple et si complet, *constant*, peut-être le panthéisme peut-il prononcer la première syllabe *cum*, « avec; » *stant* lui est refusé.

La croix janséniste, qui représente Jésus-Christ les mains levées, viole l'angle droit, ferme les bras du crucifié et l'isole de la nature. La croix janséniste est debout (*stat*). Mais elle est seule, le *cum* lui est interdit.

Le panthéisme n'a pas de tête, le jansénisme n'a pas de bras. L'un embrasse sans s'élever, l'autre s'élève sans embrasser.

Dans la croix catholique, *omnia constant*[1]. La vie soulève la mort et l'entraîne avec elle aux cieux dans sa course triomphante. Tout

---

[1] « Tout se tient. »

s'embrasse, tout s'élève, tout se distingue, tout s'unit.

Unité, reconstruction, plénitude, synthèse, consommation en un, cris de l'homme et cris de Dieu ! Au moment où le Verbe, hypostatiquement uni à la nature humaine, fut attaché à la croix, Dieu continuait à voir dans ce Verbe la Vérité. Au moment où le Verbe attirait à lui toute créature, consommant dans l'unité toute division, cette croix sur laquelle les hommes clouaient son corps humain figurait géométriquement cette rencontre suprême, cette plénitude, cette fusion qui apercevait Dieu le Père, satisfait dans sa justice, dans sa miséricorde, dans toute sa personne infinie, et se réconciliant avec l'univers en la personne de ce Fils, qu'il faisait semblant d'abandonner.

L'opposition absolue était réalisée : par elle se préparait l'harmonie absolue.

※

Trois jours après, celui qui avait consommé sur la montagne l'harmonie du temps et de l'espace par un sacrifice idéal et réel ressuscita. Il alla s'asseoir à la droite du Père. C'est là que les élus le contempleront. La foi aura fait place à la vision.

Le *Credo* sera remplacé par l'éternel *Alleluia,* et du symbole que nous chantons en exil il ne restera que la dernière parole : *Amen.*

Nous verrons Dieu face à face tel qu'il est. Nous verrons face à face l'Être, le Principe, Celui qui est, Celui dont le nom est ineffable et ne s'écrit qu'en tremblant, Dieu le Père.

Nous verrons face à face Dieu le Fils, le Verbe, la distinction dans l'unité, Celui en qui Dieu le Père contemple éternellement les exemplaires de tous les mondes créés et possibles, le Verbe par qui Celui qui est communique avec ceux qui ne sont pas, le Dieu fait homme, le Dieu fait enfant, le

Dieu qui a dormi[1], le Dieu qui a eu une mère, le Dieu qui a prié Dieu, le Dieu qui a pleuré, le Dieu qui s'est incliné vers le néant, le Dieu qui s'est penché sur l'abîme, le Dieu qui a trouvé moyen de faire connaissance avec l'infirmité, avec la peur, avec l'ennui, avec le moyen de s'anéantir.

Enfin nous verrons face à face le Saint-Esprit, l'union du Père et du Fils, leur repos dans l'amour, Celui qui se laisse symboliser par l'huile et qui a dit de frotter d'huile les malades en priant pour que l'harmonie qui s'appelle la santé leur soit rendue, la paix et la joie incompréhensible du Seigneur, l'harmonie immense, infinie, éternelle, absolue, absolument inexprimable, absolument suradorable, l'harmonie enfin, l'harmonie, l'harmonie, l'harmonie.

---

[1] Le sommeil est le signe caractéristique de la nature sensible.

FIN

TABLE

Avertissement de l'éditeur VII

PREMIÈRE PARTIE

Introduction 1
Philosophie 21

DEUXIÈME PARTIE

L'athéisme au XIX° siècle 203
Chapitre premier. — Négation de la Religion . . . 205
    — II. — Négation de la société 229
    — III. — Négation de la science 247
    — IV. — Négation de l'art 277
    — V. — L'Allemagne et le christianisme . . 292
    — VI. — L'Incarnation 329
    — VII. — La Rédemption 358
    — VIII. — La Croix 384

OUVRAGES DU MÊME AUTEUR

Rusbrock l'Admirable (œuvres choisies). Un vol. in-18 jésus. . . . . 2 »

Livre des visions (Le) et instructions de la bienheureuse Angèle de Foligno, traduit du latin. 2ᵉ édition. In-18. . . . . 2 »

L'Homme, précédé d'une introduction par M. Henri Lasserre. Un volume in-8°. 4 50

Physionomie des Saints. Un vol. in-18 jésus. 3 »

Contes extraordinaires. Un vol. in-18 jésus. 3 »

Paroles de Dieu. Un volume in-18 jésus. 3 »

Plateaux de la balance (Les). . . . . 3 »

Jeanne de Matel (œuvres choisies). Un volume in-12. . . . . 2 »

A LA MÊME LIBRAIRIE

Études philosophiques sur le Christianisme, par M. A. Nicolas. 25ᵉ édition. 4 volumes in-8°. 24 »

Le même ouvrage, 26ᵉ édition. 4 vol. in-18 jésus. 14 »

Protestantisme (Du) et de toutes les hérésies dans leur rapport avec le socialisme, par M. A. Nicolas, 5ᵉ édition, honorée d'un bref de N. S. P. le Pape Pie IX. 2 volumes in-8°. . . . . 12 »

Le même ouvrage, 4ᵉ édition. 2 vol. in-18 jésus. 7 »

Vierge Marie (La) et le Plan divin, nouvelles études sur le christianisme, par M. Auguste Nicolas. 4 volumes in-8°. . . . . 24 »

Le même ouvrage, 8ᵉ édition. 4 vol. in-18 jésus. 16 »

Œuvres complètes du R. P. Henri-Dominique Lacordaire, des FF. Prêcheurs. Nouvelle édition, complète et définitive, comprenant tout ce que le Père Lacordaire a publié de son vivant. 9 vol. in-8°. 50 »

Les mêmes, 9 volumes in-18 jésus. . . . . . 30 »

Conférences du R. P. de Ravignan, de la Cⁱᵉ de Jésus. 3ᵉ édition. 4 volumes in-12. . . . . 12 50

www.ingramcontent.com/pod-product-compliance
Lightning Source LLC
Chambersburg PA
CBHW071910230426
43671CB00010B/1545